黔南民族师范学院2024年度重点研究科研能力提升项目"民族旅游赋能乡村振兴的贵州实践研究（2024zdsk05）"资助。

光明社科文库
GUANGMING DAILY PRESS:
A SOCIAL SCIENCE SERIES

·经济与管理书系·

贵州民族乡村发展路径探索

李军明 | 著

光明日报出版社

图书在版编目（CIP）数据

贵州民族乡村发展路径探索 / 李军明著. -- 北京：光明日报出版社，2023.5
ISBN 978－7－5194－7249－8

Ⅰ.①贵… Ⅱ.①李… Ⅲ.①少数民族—民族地区—农村—社会主义建设—研究—中国 Ⅳ.①F327.8

中国国家版本馆 CIP 数据核字（2023）第 089589 号

贵州民族乡村发展路径探索
GUIZHOU MINZU XIANGCUN FAZHAN LUJING TANSUO

著　　者：李军明	
责任编辑：李壬杰	责任校对：李　倩　乔宇佳
封面设计：中联华文	责任印制：曹　净

出版发行：光明日报出版社
地　　址：北京市西城区永安路 106 号，100050
电　　话：010－63169890（咨询），010－63131930（邮购）
传　　真：010－63131930
网　　址：http://book.gmw.cn
E－mail：gmrbcbs@gmw.cn
法律顾问：北京市兰台律师事务所龚柳方律师
印　　刷：三河市华东印刷有限公司
装　　订：三河市华东印刷有限公司
本书如有破损、缺页、装订错误，请与本社联系调换，电话：010-63131930
开　　本：170mm×240mm
字　　数：200 千字　　　　　印　　张：13.5
版　　次：2024 年 4 月第 1 版　　印　　次：2024 年 4 月第 1 次印刷
书　　号：ISBN 978－7－5194－7249－8
定　　价：85.00 元

版权所有　　翻印必究

内容简介

本书以贵州省民族乡村发展实践为例，从农业特色优势产业发展、民族传统文化资源开发、农业产业结构调整、农户经济行为与经济发展、教育与经济发展、人才入乡等角度探索了民族乡村发展的路径。本书认为，民族乡村资本、技术、人才匮乏，不能走发达地区的老路实现自身的发展。民族乡村特色资源丰富，特色资源具有核心资源的特征，特色资源资本化能够促进民族地区人力资本的积累，民族乡村可以通过特色资源资本化，走出一条适合本地区的独特发展路径。民族乡村可以通过特色资源资本化形成"主导产业—市场细分"和"发展互补性产业避免同质化—注重象征价值的开发—通过创意不断开发新的产品"的路径实现乡村经济的发展，同时可利用特色资源避免市场失灵。

目 录
CONTENTS

第一章　特色资源资本化：民族乡村发展路径研究 …………… 1
　第一节　何为特色资源 ………………………………………… 1
　第二节　为何要特色资源资本化 ……………………………… 4
　第三节　怎样进行特色资源资本化 …………………………… 18
　第四节　结语 …………………………………………………… 31

第二章　农业特色优势产业发展研究 ………………………… 32
　第一节　贵州农业特色优势产业发展状况 …………………… 33
　第二节　贵州农业特色优势产业发展路径 …………………… 34

第三章　民族传统文化促进乡村振兴研究——以水族为例 … 42
　第一节　水族传统文化促进乡村振兴的价值挖掘 …………… 42
　第二节　水族传统文化促进乡村振兴实践：经验与教训 …… 73
　第三节　民族传统文化促进乡村振兴的路径 ………………… 80
　第四节　民族旅游产业发展研究 ……………………………… 88

第四章　农业产业结构调整研究 ……………………………… 101
第一节　基于演化博弈的农业经营模式调整策略研究 ………… 101
第二节　落后乡村农业产业结构调整调研 …………………… 118

第五章　教育与经济协调发展研究 …………………………… 128
第一节　相关研究文献综述 …………………………………… 128
第二节　黔南教育与经济发展现状 …………………………… 131
第三节　黔南教育对经济的贡献研究 ………………………… 139
第四节　黔南经济发展对教育的影响研究 …………………… 153
第五节　教育与经济协调发展对策 …………………………… 160

第六章　人才入乡的障碍与对策研究 ………………………… 169
第一节　人才入乡研究综述 …………………………………… 169
第二节　贵州人才入乡状况 …………………………………… 175
第三节　对策建议 ……………………………………………… 177

第七章　我国城乡经济协同发展实证研究 …………………… 181
第一节　问题提出 ……………………………………………… 181
第二节　城乡经济增长的特征 ………………………………… 182
第三节　城乡经济的相互作用 ………………………………… 184
第四节　各省份城市经济与乡村经济的相互作用 …………… 190
第五节　结论和对策建议 ……………………………………… 195

参考文献 ………………………………………………………… 198

第一章

特色资源资本化：民族乡村发展路径研究

产业兴旺是乡村振兴的物质基础[①]，没有产业的发展，就不可能实现乡村振兴。但是，民族乡村经济落后，物质资源匮乏，人力资本积累不足，交通通信等基础设施条件落后，民族乡村产业发展困难重重。相对于发达地区，民族乡村普遍比较落后，同样的产业在与发达地区的竞争中全面处于劣势地位，这说明民族乡村不能选择与发达地区同样的发展道路来实现产业兴旺，必须走出一条独具竞争力的发展之路。民族地区的经济虽然已经快速发展，但相对于发达地区来说还比较落后，这说明民族乡村可能蕴含有自身特色资源，但没有被认识到，没得到充分开发，而处于闲置或待开发状态。民族乡村能不能重新审视自身发展的条件，从中发现特色资源，将特色资源转化为资本，找到一条特色发展道路呢？为此，本书从特色资源资本化的路径入手，探讨民族乡村特色发展之路。

第一节 何为特色资源

资源是具有使用价值的生产资料和生活资料的统称。特色资源是指本地区所拥有的，具有明显地方性特征的，具有重要经济开发价值的生产资

---

① 张洁. 乡村振兴战略的五大要求及实施路径思考［J］. 贵州大学学报（社会科学版），2020（05）：61-72.

料或生活资料。具体可分为两类,一是完全地域化的资源。当地特殊的自然、地理、气候、社会、文化等因素综合孕育而形成的资源,完全根植于该区域,一旦离开该区域,资源就不复存在。这决定了这种资源是本地所独有,而其他地方没有,也是无法仿制或模仿的。二是差异化的资源。虽然其他方也有这种资源,但本区域该资源具有独特的品质、特色,这种独特性完全根植于该区域独特的自然环境和社会环境,也是无法模仿的。民族乡村经济落后,传统的资源匮乏,特色资源却十分丰富,典型的特色资源有以下五种。

绿水青山。很多民族乡村工业发展不足,工业污染少,仍然保持着原始的青山绿水。许多民族乡村青山环绕,绿水长流,处处鸟语花香。例如,贵州省荔波县的大小七孔景区,山上苍翠欲滴,地下流水潺潺,被誉为"地球腰带上的一颗绿宝石";广西龙脊,山峦叠翠,鸟语花香。很多民族都有树崇拜的习俗,很多村寨旁边都有一片古老的树林,称为保寨树,村民视保寨树为他们的保护神,保佑村寨风调雨顺,人们平安幸福,禁止砍伐和破坏,从而保护了一方绿水青山。例如,许多苗寨都有保寨树,村民认为其有灵性,为了获得其护佑,有的村民甚至认其为干爹、干妈,欲成为其生命中的重要组成部分,每逢重要的节日都会举行仪式进行祭拜;广西京族哈亭周围古树参天,人们认为其是神圣的,禁止破坏,还赋予其美好的寓意。

传统农业知识。民族乡村以农业为基础,人们在长期的实践中,发展了一套独特的传统知识体系,有效地解决了病虫害、灌溉、除草等问题,维持了人们的生计。例如,广西龙胜壮族形成了梯田开垦、维护、耕种、引水灌溉等一套完整的农业生产知识体系;三都水族在长期的农业实践中,发展了一套传统育种、引水灌溉、防治病虫害的生态农业知识体系;从江县侗族发展出"稻鱼鸭"共生的立体高效的生态农业系统。传统的农业生产知识有别于现代的农业生产知识,是当地农民根据当地的地形、气候和当时的社会经济条件在长期的农业实践中逐渐摸索形成的,农业生产与自然融为一体，融生态性、知识性、趣味性于一体，对于现代生态农业的探索仍然具有重要的价值。

野生的和古老的动植物。民族乡村比较封闭，受市场经济的影响较小，还保留有部分古老的农作物。例如，广西龙脊的高海拔山区生长有古茶树，自然生长，几乎无人干扰，所产之茶叶没有任何农药成分，深受顾客欢迎；贵州三都水族自治县都江镇巫不社区凉风坳的深山里发现了500亩左右的古树茶，有近2万株茶树。封闭的山区生态环境良好，孕育了丰富多彩的野生动植物品种。例如，贵州都匀市螺蛳壳景区生长着很多野生的猕猴桃，兴义因盛产野生石斛（俗称黄草）而得名"黄草坝"。

特色医药体系和养生文化。深山中的乡村，交通不便，对外交流少，原始而神秘。村民在长期的实践中，形成了一套独具特色的医药体系。例如，神秘的苗医、苗药，独树一帜的藏医药学体系，等等。民族乡村的村民从很早的时候就意识到卫生保健的重要性，在长期的实践中，摸索出一套行之有效的养生理论和养生方法。例如，苗族形成了具有苗族特色的养生防病的传统理念，总结了常用的养生防病措施与方法，生成了苗族特色的养生防病方法。

民族传统文化。民族乡村的民族传统文化保存完好，节日文化丰富多彩，传统工艺巧夺天工，神话、传说、信仰、观念、制度等无形文化玄妙莫测。例如，三都水族自治县，水族文化浓厚，三洞乡每年都举行盛大的端节，九阡镇的水族乡镇则举行被外国人誉为"东方情人节"的卯节；苗族有苗年、四月八、龙舟节、吃新节、赶秋节等节日；水族马尾绣被称为刺绣"活化石"；苗族蜡染文化被誉为"民族艺术之花"。还有神奇的水书、苗族神秘的蛊等。

民族地区的特色资源种类繁多，上述只是其中的一部分。特色资源内涵丰富，独具特色，既具有生态价值，又能够满足现代人的好奇心，具有重要的开发价值。

第二节　为何要特色资源资本化

一、传统的发展道路走不通

(一) 难以借鉴发达地区的发展经验

对于落后地区的发展，经济学者进行了深入的探讨。美国经济学家亚历山大·格申克龙、伯利兹和克鲁格曼提出和发展了后发优势理论，认为落后国家和地区可以从发达国家的发展历史中汲取教训，避免走发达国家和地区走过的弯路，同时可吸收其发展的经验，借鉴其成熟的技术，通过模仿实现跨越式发展。① 综观发达国家和地区走过的道路，主要有以下几种：一是走工业化道路，即农业所占的比重越来越低，而工业所占的比重越来越高，几乎所有的发达国家和地区都是走此道路；二是利用廉价的能源，走先污染后治理的道路；三是采用掠夺殖民地的方式；四是利用廉价劳动力的方式。民族乡村能不能借鉴发达国家和地区的发展经验呢？

民族乡村不能完全模仿发达国家和地区的经验来发展。首先，工业化道路行不通。为了保证国家粮食安全，耕地只能用于农业，我国农民对耕地十分珍惜。民族乡村多位于山区，土地更为稀缺，人们对土地更为珍惜，凡是能够耕种的地方，几乎全部变成了耕地，乡村中非耕地极少，无法为工业生产提供足够的土地。其次，无法再利用廉价的能源。随着工业的发展，能源日趋紧张，能源价格急剧上升；现在人们追求低碳环保，力争实现碳中和，民族乡村显然不能走高耗能、高排放、高污染的发展道路。最后，民族乡村不能通过利用廉价劳动力的方式发展。现在，我国老

---

① 黄志斌，吴慈生. 中西部地区"两型社会"建设的总体战略研究 [M]. 合肥：合肥工业大学出版社，2015：210-211.

龄化形势日趋严峻，劳动力紧缺，劳动力已经不再廉价，劳动力也开始挑选工作条件，不可能再采用无限制加班的方式生产。因此，民族乡村能够从发达国家和地区的发展中借鉴的经验极少，必须走出一条自己的发展道路。

（二）资本匮乏，无法通过大规模投资的方式发展

我国民族乡村资本形成严重不足，也无法通过大量投资的方式实现发展。罗森斯坦·罗丹认为，经济落后的国家之所以贫穷，主要是因为资本形成不足。① 我国民族乡村的发展现状非常符合罗丹的观点，资本严重不足。

首先，我国民族乡村资金积累不足。民族乡村经济落后，收入扣除必要的消费之后剩余很少，这部分剩余又常常以实物形态存在，如粮食、牲畜等，只有在特殊情况下需要货币的时候人们才会出售，转化为资金，如人情支出、建房支出、子女结婚支出等，是用于消费，而不是用于投资。因此，民族乡村地区的资金往往很少。

其次，资金难以转化为资本。民族乡村银行等金融机构很少，很难将零散的资金转化为资本。即使有些金融机构吸收了部分零星资金，由于民族乡村产业单一，发放贷款的成本高、风险大，金融机构更愿意向贷款成本低、风险小的城镇发放贷款。因此，民族乡村地区的资金很难转化为当地经济发展所需要的资本。

最后，难以从其他地方引入资本。根据资本边际效率递减规律，发达国家资本充足，资本的边际效率较低，而贫穷的国家资本不足，资本的边际效率很高，资本应该从富国流向穷国。但卢卡斯研究发现，资本主要流

---

① ROSENSTEIN-RODAN P N. Problems of Industrialization of Eastern and South-Eastern Europe [J]. The Economic Journal, 1943, 53 (210/211): 202-211.

向发达国家而不是发展中国家,这被称为"卢卡斯"悖论①。与此相似,资本主要流向我国发达城市而不是民族乡村,主要是因为:民族乡村经济落后,收入低,少有货币收入,人们尽量不用货币资金,主要依靠自给自足。粮食是自家承包地产的,水果是从自家果园摘的,蔬菜是从菜园取的,鸡蛋是养的鸡下的,燃料用秸秆和木材。因此,民族乡村需求不足,即使能够生产出产品,也很难销售出去,投资很难产生收益。由于本地市场狭小,即使投资,规模也非常小,难以产生规模经济效益。如果外销,因为地处偏僻,没有配套产业,需要的原料只能从外地运来,生产的产品再运出去,交通条件落后,运输成本很高,在市场上没有竞争力。资本都是逐利的,只有投资于民族乡村的收益率不低于投资其他地方的收益率时,资本才有可能流向民族乡村,民族地区投资的低收益率决定了民族乡村很难从其他地方引入资本。

因此,我国民族乡村资本形成不足,陷入纳克斯(不发达国家的资本形成问题)的贫困陷阱②之中,很难像发达城市一样通过自身资本积累和吸引外来资本来发展。

(三)劳动力稀缺,采用现代农业科学技术困难

樊纲认为落后国家和地区可以利用劳动力丰富、成本低的比较优势发展劳动密集型产业,为经济起飞挣得"第一桶金";通过学习或模仿前人所积累的大量技术,学到别人在之前发展过程当中的经验与教训,从而可以少走弯路,多走捷径;本土企业利用本国市场的先天竞争优势发展。③他的研究对于落后国家如何发展无疑具有重要的指导价值,但不适于民族

---

① LUCAS R E. Why doesn't capital flow from rich to poor countries?[J]. The American Economic Review,1990,80(2):92-96.
② 姚开建,梁小民. 西方经济学名著导读[M]. 北京:中国经济出版社,2005:531.
③ 樊纲."发展悖论"与发展经济学的"特征性问题"[J]. 管理世界,2020,36(04):34-39.

乡村经济的发展，主要因为国家具有边界，市场是分割的，资源无法自由流动，但民族乡村是全国统一大市场①的一部分，资源自由流动。

民族乡村劳动力大量流失，劳动力短缺。经济发达城市工资率高，民族乡村的青壮年劳动力为追求更高的收入流向城市。一部分年轻人本来留守乡村，但收入明显低于他人务工的收入，社会地位下降，只好也去务工，民族乡村只剩下劳动能力差或没有劳动能力的老人、儿童、残疾人。民族乡村不是劳动力丰富，而是劳动力稀缺。随着全国统一劳动力市场的形成，民族乡村的工资水平越来越高，劳动力成本越来越接近城市。因此，民族乡村将不再具有劳动力丰富、成本低的优势。

劳动力学习和掌握现代技术困难。民族乡村部分孩子通过自身的努力，进入高等学校，最终流向经济发达的城市，其他的通过务工的渠道流向经济发达的城市，留在乡村的都是受教育程度不高、劳动能力较差的老人、儿童、残疾人，有的甚至不会使用智能手机，他们没有学习和掌握现代农业科学技术的知识储备和能力。他们收入低，种地不是为了挣钱，而是为了维持生存，自给自足；任何风险都可能让他们衣食无着，因此他们追求稳定。现代农业技术，虽然有可能带来丰厚的利润，但也有可能带来巨额的亏损。现代农业技术意味着高额的投资，农民要么无钱投资，要么借贷投资，这增加了金融杠杆———一旦失败，不但衣食无着，还要偿还贷款和利息。在目前的条件下，让农民自觉采用现代农业科学技术实现民族乡村的发展也是不现实的。

民族乡村的现状决定了其不能像发达地区一样通过传统的道路发展经济，只能另辟蹊径，走地方特色的发展之路。

---

① 中共中央 国务院关于加快建设全国统一大市场的意见[J].中国价格监管与反垄断，2022（05）：3-7.

二、特色资源如不加以利用就可能被破坏

（一）不利用农业传统文化资源，该资源可能会逐渐流失

传统农业文化是以大量劳动力投入为基础的，如果不开发利用农业传统文化资源，不能给人们带来收益，农民就会远走他乡打工，该农业文化资源就可能被弃用而流失。在龙胜县其他不发展旅游的村，村里面种田的人越来越少了，年轻人基本上不会种田了。[①] 贵州三都水族自治县，一位水族务工人员说，他家的几亩水田，耕种管理不方便，就放弃耕种了。广东连南瑶族自治县，一位景区工作人员说他家的几亩水田，距离道路较远，耕种很困难，也没有什么收益，如果有人愿意耕种，就让给他人耕种，如果没有人耕种就抛荒。田地都没人耕种了，附着在其上的农业传统知识体系自然就不存在了。广西龙脊梯田，耕种、管理、收割、维护需要耗费大量的人力。由于收入过低，村民一度放弃耕种和管理，但由于当地梯田文化得到开发和管理，成为著名的景区。梯田是景区的核心资源，一旦破坏，景区就不存在了，游客减少，村民和旅游公司的收入都会锐减。村民考虑门票分红和经营农家乐的收益，于是努力耕种梯田，实在没有劳力的，则提供种子、化肥，请人代种，水稻收益归耕种人，于是梯田农业文化得到保护。从江侗乡稻鱼鸭复合系统，水稻的种植、管理、收割，鱼和鸭的投放和管理，无疑需要消耗大量的人力，该农业文化系统一度因大量劳动力外出务工而深受影响，后来在政府的大力扶持以及产业开发下，该农业生态系统才得以维持和发展。

（二）不利用民族文化资源，该资源会逐渐流失

民族文化是人所创造的，是为人服务的，为维护少数民族的生存和发

---

① 周密，吴忠军. 民族旅游村寨的异质性研究——以广西桂林龙脊平安壮寨为例[J]. 长江师范学院学报，2020，36（04）：41-50，122.

展发挥了重要的作用。如果民族文化资源不能够得到开发和利用，人们的收益过低，就会远走他乡打工。在城市，人们不得不学习和适应城市的文化和规则，以便获得工作和收入。于是，在城市打工期间，人们放弃了民族传统文化，随迁子女也失去了学习民族传统文化的文化空间。随着在城市工作和生活时间的延长，人们逐渐适应了城市生活，回到家乡，他们已经不适应传统的生活，于是按照城里的生活环境对村寨进行改造，例如修建混凝土楼房等，与当地的青山绿水形成强烈的反差，传统民族文化资源逐渐流失，青山绿水的环境也日渐遭到破坏。

三、特色资源具有核心资源的特征

民族乡村特色资源丰富，但特色资源长期以来没有参与社会再生产过程，并没有转化为资本，没有给民族乡村带来利益，很多村民甚至没意识到这些是资源，在某种程度上可谓"端着金饭碗讨饭吃"。例如，龙脊梯田景观优美，梯田文化丰富，民族文化独特，最初当地人并不认为其是资源，只是埋头种地，资源没有转化为资本，没有产生收益，人们生活困苦。当时交通不便，很多游客翻山越岭到此旅游，当地人很不理解。后来在政府的推动下，才意识到这是宝贵的资源，于是对此资源进行开发，转化成了资本，给当地人带来大量收益。如今龙脊人在旅游旺季经营旅游相关产业，旅游淡季外出旅游，一方面是休闲，另一方面也是参观学习他人是如何经营旅游业的，以提升自身的经营管理能力。核心竞争力是指能够为企业带来可持续竞争优势的有价值的、稀缺的、难以模仿的、不可替代的资源和能力。[①] 民族乡村特色资源具有核心资源的特征，对其资本化能够转化为民族乡村的核心竞争力，带动相关产业的发展。

---

① 孙昌玲，王化成，王芃芃. 企业核心竞争力对供应链融资的影响：资金支持还是占用？[J]. 中国软科学，2021（06）：120-134.

(一) 特色资源能够创造消费者所看重的价值

随着收入的提高,消费者更加注重身体的健康,人们认识到身体素质的重要性,健康观念更是深入人心。消费者普遍认为,顺应自然就是安全的、健康的,所以消费者认为无污染的、原始的、传统的就是顺应自然的,其产品自然是健康和安全的。消费者的食品安全风险感知并非由食品危害本身所决定,其往往取决于消费者个体的心理特质以及安全危害与个体自我健康的关联程度。[1] 调研发现,收入越高的群体越关注饮食的健康和安全,有高额退休金的老人更是如此。有的为了买到正宗的土鸡蛋,不惜开车几十公里到农村收购,有的不惜巨资,到处搜寻有机食品。民族特困区无工业,自然也没有工业污染,这样的环境是原始的,自然是安全和放心的,在这样的环境中用传统方法种植的古老的农作物、野生的水果是顺应自然的产物,食用这样的产品能够促进身体健康,所以越来越多的消费者愿意花高价购买这样的农产品。蓝天、白云、青山、绿水、宁静的原始环境与城市的雾霾、工业污染、水泥森林、嘈杂的环境形成了鲜明的对比,城市人从内心深处渴望回归原始,寻找曾经恬静的生活。民族乡村的熟人社会、互帮互助、缓慢的生活节奏与城市的陌生人的社会、冷漠、激烈竞争、快节奏的生活形成强烈反差,城里人会从中发现生活的本质一类的东西,如亲情、友情等。因此,民族乡村的特色资源在发达地区的人看来非常有价值,城市等发达地区的人们内心实际上非常渴望体验看似另类的恬静、质朴的生活,反思工作到底是为了什么。特色资源带给人们的边际效用很高,用特色资源所生产的商品深受人们的欢迎,人们愿意为此支付高的价格,特色资源资本化很有前途。

---

[1] YEUNG R M W, Morris J. Food Safety Risk: Consumer Perception and Purchase Behaviour [J]. British Food Journal, 2001, 103 (3): 170-187.

(二) 特色资源是稀缺的

特色资源是与特定的地理、气候相关的，民族乡村独特的地理环境、气候条件造就了独特的资源，这样的资源在民族乡村是丰富的，但其他地方因为没有相同类型的条件而不具有该资源。例如，贵州茅台镇独特的地理、地质、气候环境，为茅台酒的酿造提供了相对稳定、特殊的微生物群落，是其他环境所无法克隆的极端茅台酒酿酒气候环境和水资源环境。[①]正是这样独特的环境，孕育了茅台酿造过程及环境所含的1946种微生物，包括细菌1063种，酵母菌和丝状真菌类微生物883种[②]，造就了茅台酒独特的风味。民族乡村独具特色的环境多种多样，但当地人没有意识到其资源属性，没有开发，特色资源因此被闲置和浪费。有些特色资源与当地的生计方式、民族文化紧密结合在一起，不可分割，决定了只有当地才有这种资源，其他地方没有这种资源。例如，广西龙胜梯田，是广西壮族、瑶族在漫长的历史中逐渐开垦出来的，地理环境、气候条件、农耕文化、民族文化共同造就了当地独具特色的景观，这种资源只有本地有，其他地方无法拥有。这也决定了特色资源是民族乡村所独有的，不仅是稀缺的，也是难以模仿的。

(三) 特色资源具有扩展性

以特色资源为核心，向外扩展，可以发展多种产业。在纯天然的环境下可以利用传统知识发展生态农业，生产高端有机食品。运动员、老年人等群体对食品有专门的需求，经济发达地区的商品很难达到这类群体的需求，即使达到了，也难以让这类群体信服。民族乡村地区无污染，生产的

---

① 黄永光，黄旭，黄平. 茅台酒酿酒极端环境与极端酿酒微生物 [J]. 酿酒科技，2006 (12)：47-50.
② 卢志佳，蔡连素. 1946种！茅台公布酿造过程及环境微生物数量 [EB/OL]. 新华网，2022-03-20.

食品很容易达到这类群体的需求，所有的农产品给人的印象就是纯天然的，不用过度宣传就能让人信服。因此，可以针对各类群体的需求，开发具有相应功能的食品。食用该类食品是安全的，有益健康的，该类食品于是就有了"健康"的象征意义；如果开发成礼品，送礼就是送健康，自然深受人们的欢迎，能够满足人们相互馈赠的需要。因此，可以针对礼品市场，开发各种商品，以及具有地方特色的各种礼盒。独特的地理气候条件孕育了各类珍稀动植物资源，可以对此进行保护性开发，生产地方特有商品。例如，贵州茅台镇独特的地理气候条件，孕育了具有独特品质的红缨子高粱和各类微生物群落，利用这些资源生产的茅台酒，闻名全国。因此，以特色资源为基础就从第一产业扩展到第二产业。民族乡村可以利用特色环境、农业文化和民族文化资源打造景区，发展旅游业，能够吸引全球游客。例如，广西龙胜县平安壮寨，人口800多人，每年接待游客40多万人。除此之外，还能利用传说、故事、神话等文化资源打造网络小说、游戏、动漫、电影等文化商品，既能获取收益，又能借此进行免费宣传。例如，以广西壮族等民族文化为基础打造的"印象·刘三姐""桂林千古情"等实景演出，深受游客欢迎。因此，利用特色资源还能发展第三产业。由此可见，特色资源具有扩展性，开发利用前景广阔。

（四）特色资源不可替代

特殊的地理、气候条件与特定民族长期共存，共同演化而形成特色资源，这决定了特色资源没有替代物，难以用其他资源替代。万尾金滩因京族文化而闻名，其他地方虽然有海滩，但无京族文化，不能用其他资源替代。茅台镇独有的地理、气候条件，孕育了当地特有的高粱品种和微生物群落，因此才造就了茅台酒特有的风味。丽江古城因纳西族唯美的爱情故事而令人神往，其他地方难以找到类似的替代物。

四、特色资源资本化能够促进民族乡村人力资本的积累

有些国家和地区资源贫乏，按照古典经济学理论，其经济增长应该较慢,但事实是,这些国家和地区经济增长却很快。在"二战"中受到巨大破坏的国家恢复得很快,自然资源匮乏的国家经济也可以快速增长。① 这种现象只能通过人力资本进行解释。例如,日本资源贫乏,但其经济增长较快,其原因就是教育较先进,人力资源积累较丰富。再如,我国东南沿海教育发达,虽然资源贫乏,但却是我国经济增长最快的地区,其原因之一就是教育促进了东南沿海人力资本的积累;我国西部地区资源丰富,但教育不是很发达,人力资本积累不足,所以西部地区经济增长较慢。特色资源资本化能够促进民族乡村人力资本积累,从而为民族乡村经济的长期持续增长奠定深厚的基础。

(一) 特色资源资本化能够促进民族地区劳动力的迁移

这里的劳动力迁移和舒尔茨所述的人力资本积累的"劳动迁移"② 并不完全相同,这里的劳动力迁移指劳动力从传统农业迁移到特色资源资本化所形成的新的产业,并不包括地理空间的迁移。之所以能够形成劳动力的迁移,是因为特色资源是由当地村民所掌握的,如农业传统知识、民族文化等,不需要多高的教育程度,也不需要过多的职业培训,当地村民就很容易参与这类产业当中。例如,贵州西江千户苗寨景区开发后,会吹芦笙的就吹芦笙,会跳舞的就跳舞,会做当地特色美食的就做特色美食,什么都不会的,穿上苗族传统服饰也成为景区的一道亮丽的风景。广西龙脊平安寨,一家专门接待高端客户的酒店老板说,她80多岁的老奶奶什么也不用做,只需要穿着壮族服饰,在酒店大堂里日常活动,就能增加酒店的内涵,吸引国内外高端客户入住。民族乡村的劳动力本来从事传统农业,生产效率低,当其转移到高生产效率的产业,自然能够增加其收入。而

---

① 王增武,张晓东. 人力资本理论文献综述 [J]. 江苏师范大学学报(哲学社会科学版),2022, 48 (03): 97-110, 124.
② SCHULTZ T W. Investment in human capital [J]. The American Economic Review, 1961, 51 (1): 1-17.

且，村民并没有放弃传统农业，而是兼业经营，即村民不仅能够获得农业收入，还能获得经营收入或工资收入。

（二）特色资源资本化能够让村民通过"干中学"，不断积累人力资本

成语"熟能生巧"说明人们在实践中不断摸索，效率会不断提高。Arrow 最先用"干中学"代指公司学习。① 不过，实践中的学习也会出现边际效率下降的情况。民族乡村的劳动力本来从事传统农业，经过长年累月的劳动，所需要掌握的传统农业的知识和技能早已经十分熟练，再投入劳动，很难再掌握新的知识和技能，即实践学习的边际效率几乎下降到零，人力资本难以进一步积累。迁移到新的产业后，一系列新的知识、新的技能，如经营管理、客户接待、电子商务、财务管理等，为人力资本的积累提供了可能。为了增加收入，就需要提高效率，提升顾客的满意度，这给村民提供了"干中学"的动机。广西龙脊平安寨，村书记说当地村民很喜欢读书，尤其喜欢关于炒菜的书籍，因为菜炒得好，才能吸引更多的游客入住他们开的农家乐。几位老人不仅会说流利的普通话，而且也会说几句简单的英语，她们说向游客兜售当地特色农产品，天天与人打交道，自然就会了。绝大多数农家乐经营者都能熟练地通过电子邮件等方式与国外游客沟通，为国外游客提供旅游服务。民族乡村劳动力迁移到新的产业，也为人力资本的积累提供了途径。一是向客户学习。为了更好地服务顾客，村民会主动向顾客请教，顾客为了自己的利益，有时也会主动教村民。广西龙脊平安寨，一位当地村民虽然年纪很大，但调洋酒和做西餐的手艺都很不错。他说，国外游客来了，要喝洋酒、吃西餐，当地都没有，外国游客就自己动手，也教他们怎么做，其实西餐很简单的，于是他们就学会了。二是通过网络学习。特色资源资本化带来产业的发展，自然带动网络等基础设施的不断完善，村民就会通过网络来学习相关知识。例如，

---

① 转引自布朗温·H. 霍尔，内森·罗森伯格. 创新经济学手册：第一卷 [M]. 上海市科学学研究所，译. 上海：上海交通大学出版社，2017：474.

广西平安寨就有很多村民通过网络学习炒菜、客房布置等相关知识。三是观察学习。通过观察他人的经营,来掌握相关的知识。例如龙脊平安寨的一位村民说,旅游淡季的时候,他们外出旅游,入住酒店,就仔细观察酒店的客房布置、经营管理等,然后回家改进,于是他们家的客流量就越来越大。

(三)特色资源资本化后,通过熟人社会,加速知识外溢

民族乡村是熟人社会,在这个社会之中,人与人之间的信息是完全相通的,人们之间的关系是强关系。强关系对知识传播具有重要的推动作用,尤其在新思想产生初期更容易获得认可,因而有利于促进思想发展。[①]全国打印市场几乎被湖南娄底市新化县人垄断,就是因为打印的商机和打印的相关知识通过熟人社会不断传播。兰州拉面,就是偶然发现的商机,由青海化隆县人通过熟人社会不断扩散,最终形成一个遍布全国的产业。沙县小吃的成功,也与知识和商机在熟人社会中传播以及同乡人的相互帮助分不开。这说明,在熟人社会,如果某个村民获得了一个新的知识、信息,很快就会成为整个熟人社会共同的知识和信息。不仅如此,人们还不断创造新的知识和信息,并在熟人社会中传播。Krackhardt 提出了强关系优势理论,认为出于情感和信任的需要强关系更能促进创新。[②] 边燕杰基于中国"人情"的研究支持 Krackhardt 的观点。[③] "强关系"所带来的信

[①] BOB KIJKUIT, JAN VAN DEN ENDE. With a little help from our colleagues: a longitudinal study of social net works for innovation [J]. Organization Studies, 2010, 31 (4): 455-470.
[②] KRACKHARDT D. The Strength of Strong Ties: The Importance of Philos in Organizations [M]. Harvard Business School Press, 1992.
[③] BIAN Y J. Bringing strong ties back in: indirect ties, network bridges, and job searches in China [J]. American Sociological Review, 1997 (62): 366-385.

任和支持对于创新活动非常重要。①"强关系"对于创造力合作成功至关重要。② 例如，湖南新化人从修理打印机到开设打印复印店、销售二手复印机、生产打印耗材、开发写真绘图仪器，新化人不断学习、创新，并将知识在熟人社会传播，强化了新化人的竞争力。因此，一个微小的成功，通过熟人社会的不断放大，最终会变成整个熟人社会的成功。民族乡村特色资源资本化所产生的新的知识、信息等通过熟人社会的传播，最终会成为所有人的知识和信息，这无疑促进了整个乡村的人力资本积累，为民族乡村地区的发展奠定了基础。

（四）特色资源资本化促进了健康人力资本积累

特色资源资本化能够促进民族乡村医疗卫生条件的改善。目前，民族乡村普遍医疗卫生条件落后，主要原因就是资金缺乏。特色资源资本化，形成产业，而产业的发展能够增加村民的收入，村民愿意并能够支付较高的医疗费用，这无疑能够增加卫生员的收入。特色资源资本化必然吸引外来投资者、游客等，他们收入高，对医疗保健重视，他们要求较好的医疗保健条件，为了吸引他们到来，必须满足他们的需求，这样就需要改进医疗卫生条件。同时，这部分人也愿意为较好的医疗保健条件支付较高的费用，这也为医疗卫生条件的改善提供了资金。例如，广西龙脊梯田和民族文化开发后形成景区，当地的医疗卫生条件显著改善。因此，特色资源资本化能够促进民族乡村医疗卫生条件的改善，使民族乡村的村民生病能够及时得到医治，减少小病成大病的情况，自然能够促进健康人力资本的积累。

特色资源资本化能够促进当地的环境卫生条件的改善。有些民族乡村

---

① SOSA M E. Where do creative interactions come from? The role of tie content and social networks [J]. Organization Science, 2011, 22 (1): 1-21.

② KILDUFF M, BRASS D J. Organizational social network research: core ideas and key debates [J]. Academy of Management Annals, 2010, 4 (1): 317-357.

缺水，村民饮用水窖的水，水窖没有盖子，树叶、灰尘甚至小动物的尸体落入死水中，极容易滋生病菌；饮用这样的水，很容易引起疾病，损害村民的健康。有些村民饮用山上泉水，看似纯天然，无污染，但水没有经过检测，水中重金属、细菌严重超标，在下雨天更为严重，长期饮用，自然会引起健康问题。没有污水净化装置，人畜粪便随意堆放，病死的猪、猫、鸡、狗等的尸体随意丢弃，滋生大量苍蝇，苍蝇又落到人的身上、食物上，广泛传播疾病，这些都严重影响人们的身体健康。特色资源资本化就是将资源开发，形成产业；产业的发展和顾客的需要，首先要求改善环境卫生。例如，广西龙脊梯田景区开发后，修建了很多干净卫生的公共厕所，制定严格的保洁制度，每天都有专人打扫，垃圾有人清理，修建了污水处理系统。广东连南南岗、油岭等瑶寨，县卫生局不定期派人对宾馆、农家乐餐具进行卫生检测。各民族旅游景区都修建了专门的自来水供水系统，水质都经过检验，达到了国家饮用水标准。即便如此，调查发现，还有很多游客认为环境卫生条件太差。因此，只有改善环境卫生条件，满足顾客的需求，才能吸引顾客，产业才能继续发展。因此，基于增加利润的动机，投资者会改善环境卫生条件。

特色资源资本化能够促进卫生保健知识的传播。特色资源资本化带来人员的交流，而人员的交流会促进卫生保健知识的传播。例如，开发前，农民对农药的危害认识不足，不知道农药会残留。而开发后，顾客宁愿花高价，也要品尝传统方法生产出来的农产品，对打过农药、施用过化肥的农产品避之不及。他们会告诉村民，传统方法生产出来的是绿色有机食品是最健康的，而施用化肥、农药生产出来的农产品会有农药残留，对健康有害，这样，农民也知道了农药、化肥的危害。人员的交流，会带来生活习惯的碰撞。例如，不同地方的人有不同的育儿方式，而当地育儿的方式、方法是代代传承下来的，有的不卫生、不科学，会影响儿童的正常发育；在与外地人交流后，当地人就会改变这种育儿方式、方法，采用更科学的育儿方式、方法。农民认为无灰尘的是干净的、卫生的，对健康有益的，而认为容易沾染灰尘的是脏的、不卫生的、对健康有害的，所以喜欢用工业品，如一次性餐具、金属制品等来招待顾客。而顾客则认为纯天然的，如木材、竹子、树叶、葫芦等看起来容易沾染灰尘的餐具是干净卫生的。这样就会产生语言的交流和思想的碰撞，而这种碰撞会让当地村民认识到工业品的危害，从而促进了卫生保健知识的传播。

第三节 怎样进行特色资源资本化

波特认为一个国家的竞争优势主要来源于四种本国决定因素：要素条件，需求条件，相关及支持产业，公司的战略、组织以及竞争。① 要素条件是竞争优势的来源之一，特色资源的优势当然能够成为民族乡村竞争优势的重要来源。因此，民族乡村可以利用特色资源的优势，通过特色资源的资本化发展相关产业，巩固和拓展竞争优势，促进本地经济发展，提高人们的生活水平。具体来说，民族乡村可以通过以下途径实现特色资源资本化。

一、作为生产要素参与生产过程

（一）特色资源资本化形成主导产业

民族乡村资金积累不足，人力资源匮乏，单纯依靠自我积累很难发展起来，必须从外部引进资本和经营管理人才，那么，民族地区怎样从外部引进资本呢？邓宁（Dunning）提出的区位优势理论认为，东道国不可移动的要素禀赋优势是区位优势②，企业为了获得该要素，就会在该国投资。

---

① 转引自赵大平，蔡伟雄. 国际经济学［M］. 上海：立信会计出版社，2021：67.
② 转引自杨红丽. 外商直接投资对中国技术进步的影响［M］. 上海：立信会计出版社，2017：12.

特色资源是民族乡村不可移动的要素禀赋，利用该特色资源，企业可以生产独具特色的产品，获得一定程度的垄断性，从而可以获得超额利润。因此，特色资源构成民族乡村的区位优势，对外部资本具有一定的吸引力，民族乡村可以以特色资源为媒介，吸引社会资本投资民族乡村，发展相关产业，促进民族乡村经济发展。

民族乡村传统上以自给自足的农业为主，劳动方式多为家庭劳动，分工不明确，生产效率比较低，只能称为传统农业，而不能称为农业产业。民族乡村需要通过产业发展来带动整个经济的发展，这就需要确立主导产业。那么，该如何选择本地的主导产业呢？筱原三代平[①]提出了收入区域主导产业选择的两大基准，即收入弹性基准和生产率上升基准，他认为应该选择收入弹性大，生产率上升快的产业作为区域的主导产业。特色资源资本化所形成的产业包括生态农业、休闲养生产业、乡村旅游、文化产业等，对这些产业商品的消费需求是高层次需求。根据马斯洛需求层次理论，随着人们收入的增加，低层次需求已经被满足，更高层次的需求随之产生，对这些商品的需求自然增加。赵卫军、张爱英等研究发现，长期来看，收入水平、教育水平与文化消费水平呈正相关关系。[②] 互联网的使用能够显著提高家庭出游概率，促进家庭旅游消费。[③] 互联网使用对城乡居民的家庭旅游消费具有显著的促进作用。[④] 浙江农村居民人均旅游支出呈上升趋势。[⑤] 随着人们收入水平的提高，教育的发展，互联网的普及，人

[①] 转引自廖博谛. 告别宏微观架构的经济学［M］. 北京：经济日报出版社，2017：139.

[②] 赵卫军，张爱英，MUHAMMAD W A. 中国文化消费影响因素分析和水平预测——基于误差修正与历史趋势外推模型［J］. 经济问题，2018（07）：59-66.

[③] 郭润东，王超. 互联网使用对家庭旅游消费影响的实证检验［J］. 统计与决策，2022，38（08）：91-94.

[④] 罗蓉，彭楚慧，鲍新中. 互联网使用与家庭旅游消费——基于信息渠道的中介效应分析［J］. 旅游学刊，2022，37（04）：52-66.

[⑤] 史清华，陶振振. 浙江农村居民旅游消费及其影响因素分析——基于2003—2018年浙江农村固定观察点数据［J］. 同济大学学报（社会科学版），2022，33（02）：125-140.

们对特色资源资本化所形成的商品的需求增长很快，该类商品的消费收入弹性明显大于1；特色资源是民族乡村所特有的资源，人们比较熟悉，上手快，生产率提升比较快。因此，可以选择特色资本化所形成的产业作为本地的主导产业。

（二）市场细分和发展互补性产业避免同质化

民族乡村主导产业选择要避免同质化的误区。同一个民族，具有同样的民族文化资源，地理、气候等条件也很相似，但分布于不同的村寨，在进行主导产业选择的时候，容易选择同样的主导产业，而且相互模仿，推出的产品和服务基本上相同。例如，京族聚居的万尾和巫头两岛，分享同一片海域，过同样的哈节，推出同样的海洋旅游服务，如拉大网、海钓等。贵州每个苗族村寨，推出的旅游服务项目无非就是拦门酒、斗牛等。即使是不同民族村寨，推出的产品也具有相似性。例如，广东连南南岗瑶寨和贵州西江千户苗寨，提供的无非就是民族文化体验、传统建筑展示、土特产销售等。其他学者的研究同样发现民族乡村产业的同质化问题。吴黎围、熊正贤研究发现，云贵川地区康养休闲特色小镇数量庞大，在发展中存在规划定位相似、产业项目相仿、资源转化表层化等问题。[①] 王坤、刘康运用GIS空间分析和统计分析等量化方法研究发现，贵州乡村旅游同质化主要表现为乡村旅游类型同质化与乡村旅游产品同质化。[②] 产品和服务相似，它们之间具有很强的替代性，顾客消费其中一个地方的产品和服务，就不会再消费其他地方的同类产品和服务，这就会导致各村寨之间相互采取低成本战略展开激烈竞争，相互压价，从而导致利润率极低，反过来又使民族乡村缺乏足够的资金投入产品和服务创新，这就使各个村寨陷

[①] 吴黎围，熊正贤．区块链视域下康养休闲特色小镇同质化问题及破解——以云贵川地区为例［J］．湖北民族大学学报（哲学社会科学版），2020，38（03）：64-72．

[②] 王坤，刘康．贵州省乡村旅游同质化及其创新策略［J］．贵州大学学报（社会科学版），2019，37（05）：109-115．

入低水平竞争的陷阱之中。而且某个村寨在某个方面，如交通、通信等条件较好，就会吸引几乎所有的顾客，让其他村寨几乎无发展机会。因此，在进行主导产业选择的时候，要采取措施，尽量避免产品和服务的同质化。

市场细分是避免产业同质化的一种重要途径。各村寨可以对市场进行细分，根据各细分市场消费者的需求，专门提供相应的产品和服务。有部分老年人，有稳定的退休金，但年老体衰，最需要的是康养产品和服务。因此，有温泉、交通条件较好、气候温和的乡村，可以针对老年人市场，推出相应的产品和服务。例如，可以利用当地的中药材和传统养生知识，开发延缓衰老、强身健体的食品和药品；利用当地的特色食品，如利用野生刺梨富含维生素C的特点，开发延缓衰老、防治肿瘤的食品；也可利用当地天然的泉水、民族医药资源、气候资源等，推出特色康养服务，以吸引老年人。具有民族特色的村寨，可以利用当地的民族服饰元素，根据当时的时尚潮流，开发既具有民族风情，又符合时代潮流的服饰，并提供专业性的摄影短视频制作服务，吸引年轻群体前来拍摄美照和短视频，上传朋友圈和短视频平台，来吸引身边好友及粉丝点赞和关注。青少年和儿童正处于生长发育和上学阶段，他们的需求来源于父母，父母希望子女健康成长、学习进步，因此，有条件的村寨可以利用特色资源开发有助于青少年身体健康，促进智力发育的特色食品，也可利用当地的民族文化知识、传统农业知识发展研学旅游，开展夏令营活动等。

互补性发展也是避免产业同质化的一种重要途径。制订产业发展规划的时候，可以根据各村寨的特点，有意识地发展互补性产业，这样，村寨之间产业的发展可以相互促进，从而实现共同发展。例如，某一村寨民族文化资源丰富，环境优美，可以发展民族旅游产业。而附近的村寨，有的发展特色农业产业，为游客提供各色农产品，满足游客品尝和购买当地特色农产品的需求，提高游客的满意度，这反过来又能吸引更多的游客前来旅游，带动更多特色农产品的销售；有的村寨可以发展民族服饰和民族工艺品产业，专门进行民族服饰和民族工艺品的设计和加工，然后送往景区销售；有的村寨可以发展相关的服务业，如餐具清洗、消毒和配送产业、床单被褥清洗配送产业等配套服务产业，甚至日常消费品，如矿泉水、纸巾等的生产、配送等，专门提供相关的配套性服务；有些村寨可以专门组建表演团队，专门负责节目的设计、开发、演员招募和培训等。这样，各村寨适度分工，专门负责某个产业，实现专业化经营，降低成本，提高质量。产业之间又相互联系，相互配套，彼此依赖，相互促进，实现产业的集聚经济效应，这样，不仅能够避免产业同质化，而且能够促进区域经济的发展，实现共同富裕。

（三）注重象征价值的开发

只要生产出的产品能够以高于成本的价格销售出去，企业就能生存和发展，当地经济就能发展起来。民族乡村特色资源资本化所形成的产品，必须以高于成本的价格销售出去，这种发展路径才是成功的。特色资源资本化所形成的产品是其他地方所没有的，具有一定的垄断性，但要以较高的价格销售出去，必须考虑消费者的需求。根据经济学的经典理论，价格是边际效用决定的，边际效用越大，消费者为了获得该商品愿意支付的价格越高。为此，要了解消费者的效用函数，然后提供相应的商品使消费者的边际效用达到最大。

消费者效用函数受自然因素的影响，如饥饿使人们对食物产生需求，寒冷使人们对衣物产生需求；等等。根据需求层次理论，当收入较低，特别是生活在温饱线上时，人们虽然有多种需求，但食物、衣物等生活必需品给人的边际效用更大，人们会购买食物、衣物等生活必需品，而不会购买钻石等使用价值较小、象征价值很大的商品。所以，民族乡村用特色资源开发的商品，如果仅仅满足消费者基本的需求，则只能吸引低收入者。而且，这类商品的替代品很多，发达地区运用自动化、规模化的设备生产了大量商品，不仅成本很低，而且使用价值更高，民族乡村的商品无法与之竞争。从动态角度看,随着收入的增长,低层次需求已经被满足,这类商品的边际效用很低,人们只愿意支付很低的价格,甚至可能低于民族乡村商品的成本。因此,民族乡村不能选择这条发展道路。

消费者效用函数还受社会因素的影响。从静态看,高收入群体的低层次需求已经被满足,产生了更高层次的需求。从动态看,随着经济的发展,人们的收入越来越高,对高层次的需求越来越多。高层次的需求包括交往的需要、尊重的需要、自我实现的需要,这些需要主要受社会因素的影响,通过社会交往体现出来,即人们的效用函数越来越受到社会因素的影响和制约。行动者既不是像独立原子一样运行在社会脉络之外,也不会奴隶般地依附于他/她所属的社会类别赋予他/她的角色。他们具有目的性的行动企图实际上是嵌在真实的、正在运作的社会关系系统之中的。① 人类对人或事所采取的行为首先基于他们为这些人或事赋予的意义。② 比如水族的传统美食鱼包韭菜,如果仅仅当作一种食品,来满足人们填饱肚子的需要,与其他食品比较,在口感、营养和价格上并不具有什么优势,人们可能并不会消费。但如果赋予其象征意义,如赋予其水族特有的美食含义,品尝就代表去过水族地区、喜欢水族文化,那么,到水族地区游玩的游客就会品尝鱼包韭菜;如果再挖掘其起源,赋予其防病和保健价值,"送鱼包韭菜就是送健康"的意义,则会吸引更多游客购买,以便作为礼品赠送亲朋好友。因此,民族乡村在利用特色资源时,可以挖掘其历史起源,赋予其特定的象征意义,那么这种商品所满足的就不再仅仅是人们的低层次需求,而是高层次需求,其象征意义给人的边际效用很大,而且缺乏替代品,人们就愿意花高价购买这样的产品,这样就能够促进民族乡村的发展。

---

① 马克·格兰诺维特. 镶嵌:社会网与经济行动 [M]. 罗家德,译. 北京:社会科学文献出版社,2007:1-27.
② 王琳贲,李正伟,高宏斌,等. 当科普遇上传播 [M]. 北京:中国科学技术出版社,2019:66.

民族乡村在开发象征价值时要注意保护象征符号的意义。民族乡村商品的价值,由其象征意义所决定,而一旦其象征意义被毁灭或扭曲,那么其价值就会一落千丈,甚至一文不值。例如,在人们的印象中,民族乡村无工业、无污染,其运用传统知识和方法种植的农作物,没有农药和化肥,在纯天然的环境中生长,用纯净的山泉水灌溉,出产的农产品是纯天然的,象征着健康,人们愿意花高价购买,用于自己消费或作为礼品送人。但一旦被曝光其农药或重金属超标,那么其健康的象征价值顷刻化为乌有,甚至被打上有毒食品的标签,象征着身体的损害,没有人再愿意购买。因此,民族乡村应该时刻关注可能影响象征意义的潜在因素,发现苗头,要立即消灭其于无形。

(四) 注重产品的创意

传统上,人们有一种固有的意识,认为消费者喜欢特色资源,于是将特色资源直接作为商品进行销售。例如,很多民族乡村强调原汁原味的民族文化,认为对民族传统文化的任何改变都是对民族传统文化的破坏,不容许对民族传统文化做任何改变,强调要将民族传统文化直接作为商品销售给游客。但调查发现,消费者并不喜欢原真性的民族文化,因为民族传统文化的使用价值和所传递的价值观念并不完全符合消费者的需求。实际上,特色资源资本化是经济活动,其目的是利用民族乡村的有关资源,通过一系列经济运作,获取经济利益。只有生产的产品满足顾客需求,顾客才愿意花钱购买,特色资源资本化才是成功的。因此,需要针对顾客的需求对特色资源进行合理的创新,以便最大程度满足顾客的需求,让顾客愿意以高的价格购买,带动乡村产业的发展,才能促进乡村振兴。

从静态看,需要利用特色资源进行创新,开发各种不同的产品。在同一时期,存在各种不同类型的消费者,如老年消费者、青壮年消费者、少年儿童消费者等,他们的需求各不相同,有的注重保健,有的追求美丽,有的渴望知识,有的寻找爱情。如果只开发一种商品,只能满足某一类消费者的需求，其他消费者就很难满意，经济效益就比较低。因此，应该针对不同消费者的需求，利用特色资源进行合理创新，开发出丰富多彩的商品，以最大化满足不同消费者的需求。

从动态看，需要时时刻刻进行创新，不断地开发出新的商品。随着时间的推移，人们的消费偏好也在不断地发生变化，原来的商品就不再符合消费者的需求，商品因过时而被消费者抛弃。如果固守原来的产品，不进行创新，就可能被其他商品取代。因此，需要根据时代需求的变化，利用特色资源适时创意，不断地开发出新的商品，满足消费者新的需要。

从竞争的角度，利用特色资源开发的商品，在某一时期具有竞争优势，从而生产该商品的利润率较高，这就会引起众多企业的模仿，于是原有的竞争优势就会逐渐缩小，一旦有企业开发出功能更好的替代品，原来的产品就会被淘汰。因此，民族乡村需要通过不断创新，利用特色资源不断开发新产品，以持续保持竞争力。

从避免同质性的角度看，也需要不断地进行创新。许多民族村寨，具有相同的民族传统文化、相似的地理和气候环境，所拥有的特色资源几乎完全相同；一个村寨利用特色资源发展成功，其他村寨往往会群起效仿，从而导致各村寨的同质化，影响民族乡村整体的发展。因此，各个民族村寨应当独自创新，利用特色资源开发出各自不同的商品，互为补充，相得益彰，这样才能促进民族乡村可持续发展。

二、作为非正式制度因素弥补市场失灵

（一）避免负外部效应

庇古发现，当私人承担的成本低于社会成本时，根据利润最大化的原则，经济活动主体所生产的商品数量超过社会适度的数量，大量的成本由社会所承担，例如环境污染，这被称为负外部效应。在民族乡村，村民的经济活动实际上也存在这样的现象。例如，一位村民养的鸡，时不时跑到

邻居的菜园吃菜，使邻居的蔬菜减产；一位村民灌溉，必须要经过他人的稻田，使他人稻田所施肥料随之流走。随着民族乡村的发展，会有越来越多的负外部效应出现，如噪声污染、环境污染等，急需采取措施进行治理。

庇古认为可以通过征税的方式来治理负外部效应。如果税收正好等于边际外部成本，由企业承担的成本加上税收正好等于边际社会成本，企业生产的数量正好等于社会所需要的数量，这就能减少负外部性。但问题是，企业所产生的负外部性很难查清，更难以用金钱衡量，这就使征税变得困难。如果采取监督措施，投入的成本小，被查出的概率很低，企业仍然会产生负外部效应；如果采取严格的监督措施，又需要投入大量的监督成本。民族乡村利用熟人社会的规则、声誉效应和非正式制度，较好地解决了负外部效应问题。某村民的经济活动给他人带来成本，如果他不给予补偿，由于是熟人社会，这个信息就会被整个村寨所熟知，这种行为不符合村寨共有的价值观念，他的声誉会在无形中下降，以后不管他做什么，所有的村民都会进行防范，采取不配合的态度。所以，如果一位村民的经济行为可能会给他人带来成本，他会主动与对方协商，给出补偿方案，这就会使负外部效应转化为内部成本，从而使经济主体的边际成本等于边际社会成本，解决了负外部效应问题。因此，民族乡村发展中，可以引入传统熟人社会的规则、价值观念和非正式制度，发挥其功能来治理负外部效应，如企业参加村寨的各种重要活动，主动融入民族村寨，这样就能避免负外部效应的产生，同时也能够得到村民的支持和帮助。

科斯认为，外部性之所以存在是因为产权界定不清晰。[1] 如果明确界定产权，不管最初产权归谁所有，通过市场竞争，最终都能达到资源的合理配置，实现帕累托最优。所以，如果明确界定产权，负外部效应问题就会迎刃而解。民族村寨都有自己的一套规范，这些规范既包含有形的，如

---

[1] 聂永有．公共经济学［M］．北京：清华大学出版社，2021：27.

村规民约，也有无形的，但深入每位村民的内心，该规范明确了各方的权利和责任，每位村民必须遵守。该规范不是法律规范，但却被村民严格遵守，等于是用这种规范界定了"产权"。因此，村民的活动可能给其他人带来影响时，通常都会事先协商，确定方案，然后再采取行动。这其中的协商过程，实际上就类似于市场交易的产权转让交易，最后确定方案，实际上就表明产权转让完成。所以民族村寨能够很好地解决负外部效应问题。因此，在以后的民族乡村的发展中，让企业融入村寨，成为村寨的一部分，共同制定新的村规民约，也能够很好地解决负外部效应等问题。

（二）促进正外部效应

经济主体的经济行为可以带来两方面的边际收益，一是给自己带来的边际收益，二是给社会带来的边际收益——这部分收益称为正外部效应。民族乡村的村民的行为，有时也会产生正外部效应。例如，自己灌溉时，水流经他人农田，他人的农田因此得到一定程度的灌溉；为了喂养自己家的牛羊，到他人的田间拔草，在一定程度上帮助他人除草，他人的收入因此增加；为了出行方便，捐资修路，他人随之受益。由于给社会带来的边际收益并没有得到补偿，经济主体所获得的边际收益低于边际社会收益，根据边际收益等于边际成本的利润最大化原则所确定的产量，低于社会最满意的产量，没有达到帕累托最优。随着民族乡村的发展，需要采取措施，激励更多经济主体采取具有正外部性的行为，不仅自己受益，民族乡村也因之而受益。

庇古认为，当存在外部经济时，每增加单位产品应该向生产者给予边际收益的补贴。[①] 但问题是，正外部性是否存在，其大小如何，往往很难界定；即使能够界定，当界定的成本过高时，正外部性也就消失了。再者，正外部性是给他人带来的好处，常常不在政府的考核目标范围之内，

---

① 聂永有. 公共经济学 [M]. 北京：清华大学出版社，2021：08.

这样，政府就没有动力给予补贴，尤其是当政府财政困难，有更紧急的项目需要政府支持时。传统上，民族乡村通过给予极高荣誉等方式激励人们从事具有正外部性的活动。例如，很多民族村寨都建有功德碑，将捐资修路、建桥、办学等事迹刻于碑上予以纪念和表彰。通过这种方式，行为人虽然没有获得金钱或物质的奖励，但却获得了极高的荣誉，其获得的效用甚至超过金钱或物质所带来的奖励，由此激励更多人做具有正外部性的事。因此，以后民族乡村仍然可以借鉴这种方式，激励各经济主体从事具有正外部性的经济活动。

(三) 避免公共地的悲剧

美国学者哈定（Garrett Hardin）提出了公共地的悲剧[1]，即由于产权不明晰，每个人都有权使用公共地，而没有义务对公共地进行维护，于是公共地由于过度使用而变成不毛之地。民族乡村同样存在公共地，如公共的山林、池塘、道路等。但民族乡村并没有出现公共地的悲剧，公共地被完好地保存了下来。例如，广西龙脊平安寨，其梯田之上是郁郁葱葱的竜林，从古至今都保存得非常完好。

经济理论认为，公共地悲剧的根源是产权不明晰，解决公共地悲剧的根本措施是明确界定产权。民族乡村没有明确产权，但没有出现公共地的悲剧，其根本原因有二：一是制定了严格的村规民约，对公共地的使用方式做出了明确规定，对违反规定者由寨老组织依据村规民约进行罚款等处理；二是视公共地为神圣之地，一草一木都具有神性，不能触犯。例如，云南壮族称山林为"竜林"，"竜林"所在之山坡称为"竜山"，是神圣之地。"竜林"在村民心中具有神圣的地位，任何人不得砍伐一草一木，更不能在竜林留下任何污物，无事不得进入竜林，甚至经过竜林边都要轻言

---

[1] HARDIN G. The Tragedy of the Commons [J]. Science, 1968, 162 (3859): 1243-1248.

细语，以免惊扰竜神。① 民族乡村的这种处理方式，比界定产权成本更低，效果似乎更好。民族乡村的发展过程中，还会面临如何处理山林、池塘等公共地的问题，也会产生新的"公共地"。借鉴民族乡村的传统处理方式，将其引入现代经济发展之中，可以解决经济发展中难以解决的公共地悲剧这样的问题。

（四）解决信息不对称引起的逆向选择和道德风险

市场机制发挥有效配置资源功能的前提是完全信息，但现实中信息是不完全的，市场主体之间是信息不对称的。信息不对称会导致两方面的结果：一是事前的信息不对称会导致逆向选择，即一方会利用信息优势尽可能使自己的利益最大化，从而损害另一方的利益；二是事后的信息不对称会导致道德风险，即代理人会利用信息优势隐藏信息或隐藏行动使自己获益，而使委托人的利益受损。为了减少信息不对称引起的逆向选择和道德风险，需要建立信息甄别机制，采取激励手段或监督措施，这都会增加成本，有时成本还非常高。民族乡村是熟人社会，信息不对称程度小，但也存在信息不对称，但却没有出现逆向选择和道德风险的情况。例如，某村寨的村民在给本村一村民修建房屋时，出现超出预期的行为，如果按市场机制，施工方为了节省成本和时间，会按照合同，按原计划施工，即使以后出现问题，也与己方无关。但施工的村民却改变了计划，增加用料，延长了施工时间，消除了按原计划施工的隐患。按施工村民的说法："虽然没与房主重签合同，但大家都是本村的，房主会给予补偿的。"

民族乡村之所以能够消除逆向选择和道德风险，主要在于民族乡村是一个熟人社会；在熟人社会里，人们所有的行为及其所产生的结果，最终都会变成整个社会共有的信息。熟人社会的规则是互惠，如果有村民违反了这一规则，为了自己的利益，损害了其他村民的利益，那么，这种行为

---

① 陈桂波. 壮族节日中的自然崇拜文化及其社会功能——以云南省泸西县法衣村节日民俗为例 [J]. 广西民族研究，2016（02）：93-99.

和结果最终被民族乡村所有人所熟知，村民通过舆论对这种行为进行谴责，并尽可能避免与其交往，万不得已与其产生联系时，也会采取防范措施，以免受其侵害，这无疑增加了交往的困难和成本。所以，在民族乡村，即使存在信息不对称，村民也不会利用信息优势为了自己的利益而损害其他村民的利益，从而避免了逆向选择和道德风险。因此，在以后的发展中，民族乡村的经济主体应当尽量融入民族乡村，如遵守民族乡村的风俗习惯、参与乡村的公共事务、积极与村民交往，让自己成为民族乡村熟人社会的一分子，这样就能够利用民族乡村熟人社会的规则，避免逆向选择和道德风险，增加信息，降低风险和成本。

（五）提供公共产品

公共产品是指具有非排他性和非竞争性的产品。由于具有非排他性，即没有方法和措施避免他人使用，任何人即使不支付任何费用，也可以享用，这就导致没人愿意为享用公共产品而支付费用。由于具有非竞争性，多增加一个人的消费，成本也不会增加，即消费的边际成本为零。根据边际收益等于边际成本的利润最大化原则，公共产品的定价应该为零。正是因为这样的性质，公共产品私人不愿意提供，公共产品供给不足。民族乡村当然也需要公共产品，如社会治安等，那么，传统上，民族乡村是如何提供公共产品呢？

一是利用传统习俗。在民族乡村，人们认为村寨的事就是自己的事，当村寨中某家有事时，其他人都会去帮忙，如果不去帮忙，其就会被其他人看不起，地位无形中会下降。所以当有盗贼入村偷盗猪牛等牲畜时，全村人都会出动，围堵盗贼。通过传统习俗，大家同心协力，共同维持了民族乡村的社会治安，即提供了社会治安这种公共产品。

二是共同出钱出力提供。民族村寨的公共产品，一般都是大家共同出资、出力提供的。例如侗族的鼓楼，是大家集体议事的场所，风雨楼既便于人们躲避风雨，也具有休闲、娱乐的功能，同时还具有引水入寨、便于取水防火的功能，一般是一个村寨子或一个家族共同出资、出力修建完成的。京族的哈节耗费较大，过去也是有钱的出钱，无钱的出力，分工合作，共同举办哈节。民族村寨都有寨老组织，由村寨德高望重的老者组成，负责维持村寨秩序，寨老没有报酬，或耕种村寨的公共田地作为报酬。

民族乡村的发展需要越来越多的公共产品，政府虽然有义务提供有关的公共产品，但当政府财政资金不足，无法及时提供有关公共产品时，不妨借鉴民族传统文化的非正式制度的合理成分，及时提供乡村发展所需要的公共产品，满足人们生产、生活的需要，提高大家的福利水平。

第四节　结语

民族乡村有独特的地理、气候、生态、民族传统文化等特色资源，这些资源具有核心资源的特征，民族乡村可以将这些资源资本化，发展特色产业，促进民族地区经济的发展。民族乡村可以重新挖掘本地区的特色资源，重新审视现有资源的价值，然后以此为媒介吸引社会资本参与投资，进而引进经营管理人才，利用特色资源开发独特的产品和服务，以特色产业为主导产业，引领民族地区经济发展。同时可以利用特色资源作为一种非制度因素弥补市场机制的不足，减轻产业化发展对民族地区经济的负面影响。同时应当优化民族乡村的营商环境，为特色资源资本化提供必要的条件。

第二章

农业特色优势产业发展研究

党的十九大报告提出了乡村振兴战略，产业兴旺是乡村振兴的要求之一，是乡村振兴的物质基础。贵州城乡差距较大，2019年贵州城镇和农村居民可支配收入分别为34404元和10756元，城乡收入比为3.20；全国城镇和农村居民可支配收入分别为42359和16021元，城乡收入比为2.64。[①]不仅贵州农村居民可支配收入低于全国水平，而且城乡收入差距远超全国平均水平，说明贵州乡村振兴更为紧迫。贵州是一个多民族地区，少数民族主要居住在农村。农业产业的发展对于加快贵州农村经济发展，缩小城乡差距，实现共同富裕，促进民族团结，无疑具有重要的意义。贵州省地形崎岖不平，无法使用大型的机器设备来提高效率、降低成本，贵州农产品不可能通过低成本战略与平原省份相竞争。贵州地形多样，气候复杂多变，多样的地形、独特的气候条件孕育了其丰富独特的农作物，贵州发展农业特色优势产业具有独特的区位优势，完全可以通过发展农业特色优势产业，走出一条独特的乡村振兴之路。

贵州拥有茶叶、食用菌、蔬菜、牛羊、特色林业（竹、油茶、花椒、皂角等）、水果、生猪、中药材、刺梨、生态渔业、辣椒、生态家禽12个农业特色优势产业。每一个产业虽然都有各自独特的特点，但它们作为贵州农业特色优势产业，在产业发展方面，如品牌、营销、融资、合作社发

---

① 数据来源于《贵州统计年鉴2020》，其中收入比为笔者计算得到。

展等方面具有共性，在此将这12个农业特色优势产业作为一个整体进行研究。由于种植业和养殖业虽然有共性，但差异较大，在此主要研究种植业。

第一节　贵州农业特色优势产业发展状况

在各方的共同努力下，贵州农业特色优势产业发展迅速。贵州全省茶园总面积700万亩，2020年全年茶叶产量达43.6万吨，产值503.8亿元，茶农年人均收入达12351.1元。省外共建立贵州茶销售点14125个，2020年销售茶叶20.92万吨，销售额208.95亿元。2020年，贵州海关检验检疫出口茶叶6577.7吨，货值2.31亿美元，同比增长91.7%。[①] 贵州蔬菜种植总面积1850万亩，产量2860万吨。蔬菜产业产值占12个特色优势产业总产值的三分之一以上，全产业链从业人员近1000万人。[②] 2020年，贵州省园林水果果园面积达985.04万亩，产量521.27万吨，产值300.38亿元，比2015年分别增长136.51%、140.33%和323.78%。贵州水果种植面积从2015年的全国第18位跃居到2020年的全国第7位，蓝莓、李子种植面积居全国第一，猕猴桃、百香果种植面积全国前三，基本建成我国南方重要的精品水果产区。[③] 2020年贵州省刺梨产业快速发展，种植面积突破200万亩，鲜果产量10万吨，保底收购鲜果8.1万吨，加工原汁3.9万吨，比2019年增长31%，累计生产产品2.62万吨，工业总产值16.2亿元，销售产品2.16万吨，销售收入9.2亿元，预计全年销售收入12亿

[①] 汪志球，黄娴. 去年贵州茶叶产量超43万吨［EB/OL］. 人民日报，2021-04-21.
[②] 贵州蔬菜种植面积超1800万亩，成为南方重要夏秋蔬菜生产大省［EB/OL］. 中华人民共和国农业农村部，2021-02-15.
[③] 方春英. 贵州精品水果产业奋力蹚出农业现代化新路子（一）［EB/OL］. 贵州日报，2021-05-10.

元。① 2020年全省辣椒种植面积545万亩，产量724万吨，产值242亿元，分别较"十二五"末增长了15.22%、46.56%和69.23%，产量、加工、销售三项指标均位列全国第一。②

第二节 贵州农业特色优势产业发展路径

一、产品形象原始化，实现高端定位

贵州的山地地形，决定了贵州耕地以小块梯田为主，难以应用大型机械设备，机械化与自动化水平无法与平原省份相提并论，生产效率相对较低，成本较高，这决定了贵州的农产品不能走低成本的竞争战略，而应该采用差异化的竞争战略。原始意味着顺应自然，原始性的农产品是大自然的馈赠，没有污染，人为干扰少，符合高端人群追求健康的理念；在外省人印象中，贵州青山绿水，民族文化丰富，充满了原始气息，具备打造农产品原始形象的条件。因此，贵州可以通过塑造贵州农产品的原始形象，突出贵州农产品健康、营养的特质，定位高端农产品，面向高消费市场。

（一）突出原始环境和传统文化

突出形形色色的微环境孕育神奇物种。从野生动植物或原始农作物品种中筛选出贵州独有品种，或具有贵州特殊品质的品种；在形象塑造中，突出贵州多样化的地形、气候、河流、湖泊、生态群落所构成的微环境，在这样的微环境下，孕育了神奇物种。因为这种微环境是天然形成的，不

---

① 2020年贵州刺梨产业现场推进会在安顺市举行［EB/OL］. 安顺市人民政府，2020-11-10.
② 范力. 产量、加工、销售三项指标均位列全国第一！2020年全省辣椒产量达724万吨 产值达242亿元［EB/OL］. 川观新闻，2021-03-22.

能购买、不能移动、不能仿效,能有效地将贵州农产品与其他地区的农产品区分开来。

突出青山绿水的大环境滋养天地灵物。在宣传上,突出青山、绿水、蓝天、飞鸟等元素,让人们相信,贵州农产品在这样的环境下,吸收天地精华,即使是同种农产品,其品质也是完全不同的,食用这样的农产品可以强身健体、神清气爽、延年益寿。

突出民族文化赋予的情感属性。在农业活动的各个环节,如育种、灌溉、耕种、收割等,都贯穿着少数民族的思想观念和对世界的认知,并通过仪式、节日等表现出来;在这种观念下生产的农产品包含了人的情感属性,是神圣的,不允许被亵渎,自然也不允许被污染,因此这种农产品是绝对绿色的。少数民族文化赋予农产品不同的文化含义,如健康长寿、家庭和睦、事业发达、一帆风顺、好运降临等,拥有这种农产品,就会拥有这些好福气,送这样的农产品就是送关怀、送祝福,农产品已经超脱了物的范畴,其价值已经不能只用钱来衡量,自然是十分珍贵的。因此,在宣传中应当突出民族传统文化赋予农产品的情感属性,注重农产品的象征含义,使农产品的消费融入社会关系网络之中。

农耕文化与民族文化融合,以网络小说—动画—游戏—影视等路径发展,让农产品成为网络小说中的天地灵物、游戏中的主要道具等,既能促进文化产业和旅游业的发展,又能让贵州农产品形象深入人心,就像金庸武侠小说以及后来改编的影视剧,奠定了少林寺在人们心目中的武林至尊的地位一样。具体来说,可以与著名的网络小说写手、流行游戏的创作公司合作,以贵州神秘的民族文化、传说故事、独特的气候、独有的农产品为素材创作网络小说、网络游戏等。

(二) 保护绿色产品形象

在农产品的加工环节,制定食品加工的标准和规范,严格按标准执行,避免生产加工不规范而引起农产品受污染或降低品质的情况。检测环节在国家规定的标准之上，制定更严格的标准和管理规范，确保农产品的农药残留、重金属含量不超标。宣传环节，要突出农产品加工技术的先进性，让消费者相信农产品在加工环节营养不丢失，不会被污染；突出检测标准的严格性和检测程序的合理性，让消费者相信贵州农产品是信得过的产品。严格执法，对于弄虚作假，农药残留超标或重金属超标的企业进行严厉处罚，甚至停业整顿。

（三）重视产品的地方形象塑造

将贵州农产品融入老百姓生活，形成农产品的消费文化，逐渐塑造农产品的地方形象，促进农产品的传播。例如，贵州人好酒，酒虽好，但伤身，贵州刺梨原汁含有丰富的维生素 C 和 SOD，能够促进酒精代谢，具有解毒和健胃的功能，二者正好互补。如果将刺梨原汁融入贵州酒文化，形成新的酒文化，使刺梨原汁逐渐成为酒桌不可少的饮品，外地客人来了，新的酒文化必然使客人倍感新鲜，客人就会到处进行口头传播、发朋友圈分享、发短视频，这样，刺梨原汁就会随着酒文化而声名远扬，甚至会吸引外省人前来消费，促进农村旅游业的发展。这样，老百姓就会逐渐认可刺梨原汁，以刺梨产地而自豪，就会自豪地把刺梨原汁作为本地特产赠送给远方尊贵的朋友，进一步促进刺梨原汁的传播。

（四）突出本地产品特质，进行市场细分

从生长环境、民族文化等角度，突出贵州农产品的特质，将贵州农产品与其他地区的农产品区别开来。一是从气候入手。贵州气候相对温和，雨水较多，"天无三日晴"闻名全国，可以宣传这样的气候对贵州农产品品质的影响，突出贵州农产品的特质，如肉更厚、味更香、维生素含量更高等，从而将贵州农产品与其他地区的农产品区分开来。二是从民族文化入手。宣传少数民族按照本民族的文化观念进行育种、培育和收割，对农产品品质产生了独特的影响，再辅以民族文化元素的包装，更易将贵州农产品与其他地区的农产品区分开来。三是从独特的生物群落入手。贵州山地地形、气候、溶洞等相互作用，构成生物群落，生物群落对农作物产生影响，从而使农产品产生独特的品质，可以从这一点出发，将贵州本地农产品与其他地区的农产品区分开来。对市场进行细分，专门推出针对特定市场的农产品。例如，刺梨原汁富含维生素 C、SOD 等，具有防癌抗癌、促进食欲、排毒等功效，有助于缓解化疗病人身体虚弱、恶心呕吐、没有食欲、精力不足等状况，而在这一细分市场的食品、保健品并不多，因此可以研发特定的产品，专门用于该细分市场的销售。刺梨原汁含有丰富的超氧化物歧化酶，具有养颜美容之功效，而这一市场规模巨大，可针对该细分市场，专门研发特定产品。还有其他市场细分策略，如在减肥市场推出减肥食品；中老年市场推出延缓衰老，强身健体的产品；中小学饮食市场推出补脑营养食品；等等。

二、农业数字化引进社会资本

在整体规划的基础上，与相关平台合作，将土地经营权资产化，客户可在平台认购，在平台挑选人员按照自己的要求耕种和进行田间管理，闲暇时也可自己来耕种、管理，体验农村生活，让孩子习得农业知识。如果不想经营，也可以在平台转让交易。这样，既可以解决农业特色优势产业资本的不足，又能解决农产品销售问题，还能促进农旅融合，增加收入。

这种经营是可行的。实际上，城里人厌倦了钢筋水泥生活，拥有一块土地成为他们心中的梦想。如果能够拥有一块土地，就可以发挥自己的聪明才智，根据自己的需要生产绿色农产品，在餐桌上可以自豪地向亲戚朋友说餐桌上所有水果、蔬菜、饮料等都是真正的绿色无公害的食品。购买一块土地经营权，等于是在帮助贵州农民，是在做公益，这种行为也让购买者获得社会的赞誉。所以购买一块土地的经营权对城里人的效用是很大的。贵州农村土地经营权流转的价格一般为旱地 400～600 元/亩，水田 800～1000 元/亩，甚至低于城里人宴会上一瓶白酒的价格，城里人完全负担得起，如果只是购买半亩，负担更低。

政策上是完全支持的。农业农村部办公厅关于印发《社会资本投资农业农村指引》，明确提出"创新投入方式"，要求"根据各地农业农村实际发展情况，因地制宜创新投融资模式，通过独资、合资、合作、联营、租赁等途径，采取特许经营、公建民营、民办公助等方式，健全联农带农有效激励机制，稳妥有序投入乡村振兴"①。这种经营方式也符合法律规定。《民法典》第三百三十九条规定："土地承包经营权人可以自主决定依法采取出租、入股或者其他方式向他人流转土地经营权。"

也可以采取网络众筹的方式筹集所需要的资金。人们希望获得绿色健康的农产品，但市场上的农产品往往难以鉴别，生产过程难以追溯。如果通过网络平台众筹，向消费者承诺按照绿色生产标准进行农产品的生产，这样的生产过程容易监控和追溯，消费者比较放心，也更愿意通过众筹的方式购买农产品。这样就可以提前筹集资金用于发展农业产业，待收获后再交付农产品。

三、营销网红化促进销售

随着抖音、快手等短视频风靡全国，一大批网红火遍全国，他们凭借极高的人气，迅速带动了产品的销售。如果贵州能够培养自己的网红，由其代言贵州农产品，使人们一提到该网红，就想起贵州的农产品，该网红逐渐成为贵州农产品代名词，以此打出贵州农产品的名声，带动贵州农产品的销售。

城镇里人厌倦了灰蒙蒙的天空、紧张的工作、竞争与压力并存的生活，人们渴望回归自然。如果以贵州山清水秀的自然风光、神秘多彩的民族文化、互帮互助的集体精神为切入点，必然能够唤起城里人心底的渴望，吸引城里人的目光。因此，可以从灵山秀水、民族文化特色和吃苦耐

---

① 社会资本投资农业农村指引（2022年）[J]. 村委主任，2022（09）：4-7，103.

劳、互帮互助等精神入手，培养自己的网红，通过抖音、快手等平台分享特色优势农产品的生长环境、田间管理、产品加工、传统知识、民族文化，讲好贵州故事，使网友对贵州产生好奇，带动农旅融合，同时通过网红带货，促进销售。

四、组建企业集团实现协同发展

鼓励贵州农业企业通过相互投资、换股的方式组建贵州农业企业集团，协同发展，实现规模经济。具体而言，可从以下方面发挥规模经济优势。

创建品牌，打响知名度。创建品牌消耗的资金多，小企业销量少，不能完全发挥品牌的规模效应。而企业集团产品种类多，销量大，单位产品分担的品牌成本较少，同时所有产品可以共享该品牌，能够完全发挥品牌的规模经济效应。因此，组建企业集团时，应当加快品牌的创建，迅速打响品牌知名度。

建立营销渠道。营销渠道的创建成本高，但企业集团销量大，单位产品分担的成本并不高。建立营销渠道可以及时了解市场行情，及时调整经营结构，调整竞争战略，减少风险，还有助于培养客户的忠诚度。因此，建立企业集团时，应当及时建立营销渠道，使所有农产品都可以通过该渠道进行销售，扭转营销的被动地位。

第一、二、三产业融合发展。企业集团规模大，能够统一规划，在发展农业产业的同时，可以利用现有农业资源发展旅游业，实现农业资源的综合利用，提高效益。因此，打造企业集团后，宜综合利用特色农业、农业文化、民族文化、山水风光，合理创意，实现农旅融合。

组建支持产业。农业企业规模过小，其需求不足以支撑相关支持产业的发展，这反过来使农业产业缺乏配套产业，成本较高。组建企业集团，需求扩大，完全可以支撑相关支持产业的发展，这时要着力鼓励相关支持产业的发展，尽快形成产业配套，降低农业产业发展的成本。

创新融资方式。组建企业集团，企业规模扩大，实力增强，逐渐具有新的融资资格，如发行股票、公司债券融资等。由于产品品种增加，资产组合降低了风险，现金流更为稳定，具备了申请贷款的条件，可以申请产业发展贷款。

培养稳定的劳动力队伍。组建企业集团后，业务量增多，旺季和淡季的区分不再明显，员工有较为稳定的工作和工资收入，就能稳定劳动力队伍，甚至吸引更多高素质的大学毕业生工作，开发优质的农产品。

五、打造利益共同体

农业产业发展涉及农户、农业企业、政府相关部门的利益，三者利益有相一致的地方，如果农业产业发展得好，各方都从中受益。但他们的利益也有相互冲突的地方，尤其是企业和农户之间，在农业产业利润既定时，企业分得多，农户就分得少。利益分配中，任何一方的收益受损，农业产业就很难发展。如果农业企业分配过低，其利润水平低于竞争对手，在竞争中就可能被淘汰，或者选择撤资。如果农户利益受损，农户就会采取消极对抗的措施，如拒绝流转土地、拒绝提供劳务等。因此，发展农业特色优势产业，需要统筹考虑农户、农业企业的利益，不能偏袒一方而损害另一方的利益。在推动农业特色产业发展过程中，应该以利润为目标进行考核，只有利润增加，蛋糕做大，才有可能提高各方的收益。农业特色产业的发展，需要专业人员根据专业知识进行预测、决策，非专业人员由于专业的局限，无法把握市场行情和市场竞争。如果过度干预农业特色优势产业的发展，代替农户和企业进行决策，就无法应对市场的波动，也会挫伤农户和企业的积极性，所以应由专业的人做专业的事，各尽所能，共同促进农业特色优势产业的发展。

设法打造利益共同体，使农户、农业产业的利益相一致，一方受益，另一方也跟着受益，一方受损，另一方也跟着受损，这样就能够使双方各尽所能来发展农业特色产业。例如，在农户自愿的前提下，吸收周边农户入股农业企业，或对农业企业务工的农户进行股权激励，就能将农户的利益与企业利益相联结，企业受益，农户跟着受益，企业受损，农户也会跟着受损。企业与农户合作，企业投入资金、技术，农户提供土地、劳动，合理约定分配比例，合作经营农业，收益共享，风险共担，就能将农业企业的利益与农户的利益相联结。

第三章

民族传统文化促进乡村振兴研究——以水族为例

民族乡村具有丰富的民族传统文化，民族传统文化是民族乡村的根基和灵魂，每个民族乡村都应当充分利用自身的民族传统文化的优势探索具有本民族特色的乡村振兴之路，这样才能实现千姿百态、绚丽多姿的乡村振兴的景象。民族传统文化在乡村振兴中扮演什么样的角色，如何合理利用民族传统文化促进乡村振兴，这是本章要研究的重要课题。

第一节 水族传统文化促进乡村振兴的价值挖掘

一、水族传统文化的经济发展价值挖掘

（一）民族传统文化开发的必要性与可行性

经济基础决定上层建筑，没有经济振兴就不可能有乡村振兴，要实现乡村振兴首先要实现经济振兴，所以党的十九大报告把产业兴旺定为乡村振兴的第一要求。民族地区大多比较落后，但是民族地区民族传统文化资源非常丰富，这是民族地区最大的优势所在，那么，能不能利用民族传统文化来发展经济呢？一些学者担心对民族传统文化的开发会引起民族文化的变迁，破坏民族传统文化，他们因此反对民族文化的经济开发。游客的

凝视，使目的地的居民按照游客的想象进行展演，其文化也就逐渐舞台化和表演化。① 在旅游者凝视的作用下，民俗村中的族群文化被彻底符号化与商品化，"旅游者凝视"作为一种隐形力量，支配着特殊旅游场域的建构，改变了族群文化的存续原则，割裂了民族演员的族群认同，生产着有别于原生态文化的各种"奇风异俗"，造成族群文化的移植。② 笔者认为，相关研究混淆了文化、文化元素和文化商品的区别。经济开发，就是要开发出适当的商品通过销售而实现盈利，销售收入取决于销售量和销售价格，只有消费者认为商品有价值他才愿意购买，商品给顾客提供的价值越大，顾客愿意支付的价格也就越高，因此，经济开发必然要按照顾客的需求进行开发。这也就是目的地文化"舞台化""表演化"以及"奇风异俗"产生的原因，从这方面来看，旅游开发确实导致民族传统文化发生了变迁。但是展演的是民族文化吗？显然不是，它只不过是从民族传统文化中提取的某些文化元素，通过生产和加工而形成的文化商品，而文化仍然存在于当地人的社会生活和交往之中，既然如此，就不存在所谓的文化变迁了。

实际上，民族传统文化的经济开发，反而有利于民族传统文化的保护和传承。首先，民族传统文化的经济开发，保护和扩展了民族传统文化保护和传承的场域。目前，民族地区由于经济落后，大多数人都外出务工了，留在村里的只有老人和残疾人，民族村寨空心化非常严重，民族传统文化赖以生存的场域几乎不存在了。如果能够对民族传统文化进行合理开发，村民在家门口就能就业并获取收入，村民就不会外出务工，村民在日常的生活和交往中就会自动传承民族传统文化，民族传统文化生存的场域就得到了保护。其次，民族传统文化的经济开发，能够提高少数民族村民的文化自信，人人都以拥有自己的民族传统文化而自豪，从而自觉保护和

---

① MAOZ D. The mutual gaze [J]. Annals of tourism research, 2005, 33 (1): 221–239.
② 孙九霞. 族群文化的移植："旅游者凝视"视角下的解读 [J]. 思想战线, 2009, 35 (04): 37–42.

传承民族传统文化。很多民族村寨，由于经济落后，村民变得很不自信，不自觉地认为当地经济的落后是文化落后造成的，在与外人接触中，生怕他人嘲讽，不愿意谈及自己的文化，自然地，他们也不愿意保护和传承自己的文化。如果能够对民族传统文化进行合理开发，少数民族村民能够利用自己的文化增加收入，还能获得人们的赞美，那么就能极大地提高少数民族村民的文化自信，增强其文化自豪感，从而使其自觉地保护和传承民族传统文化。再次，对民族传统文化进行合理开发能够为民族传统文化的保护和传承提供资金支持。很多民族地区，因缺乏资金而无力对本民族的典籍、诗歌、音乐、传说、故事、碑刻等进行整理，无力举办传统的民俗活动，传统文化日渐式微。对民族传统文化进行合理开发，民族传统文化就成为盈利的源泉，村民、政府、相关政府基于利益的考量，就愿意投入资金对民族传统进行保护。最后，对民族传统文化的合理开发，能够为民族传统文化的保护和传承提供新的技术手段。传统上，民族传统文化主要通过口耳相传的方式进行传承，但现在年轻人都外出打工了，口耳相传的传承方式不再适用，民族传统文化面临传承断层的危险。民族传统文化经济开发的过程，也是不断吸收外面先进知识和技术的过程，人们会观察其他地方的文化保护和传承的方式，并不断运用到本民族文化的保护和传承上来，从而促进本民族传统文化保护和传承技术手段的不断创新。另外，由于很多民族传统文化是在传统的生产生活中产生的，不再适应现代的生产和生活，这些文化因为失去了原有的功能而被逐渐抛弃。而经济开发能够重新发现这些传统文化的经济功能，从而使其焕发出新的生命，为这类文化的保护和传承提供了一条市场化的道路。

民族传统文化有没有开发的价值呢？实际上，现在的民族传统文化有巨大的开发价值。过去，物资稀缺，人们追求物质享受，希望过上富足的物质生活。现在，人们开始怀念过去的邻里亲情，怀念过去艰苦奋斗的精神，怀念一家人围坐在一起讲故事的温馨氛围。现在物质丰富了，人们开始怀念天蓝水清、悠闲恬静的田园生活。随着社会的发展，越来越多的人从追求物质生活转向追求精神生活,从追求现代转向向往传统。民族传统文化植根于农村,民族传统文化的民族性、乡土性、质朴性能更好地满足人们需求的这种变化,对人们有很强的吸引力,如果能够对民族传统文化进行合理开发,必然能够吸引大量的顾客。另外,民族传统文化资源和其他资源不同,其他资源耗费了就没有了,而民族传统文化资源不会被耗费掉,而且村民还会不断再创造出新的文化,使民族文化资源越来越丰富,即民族传统文化是取之不尽、用之不竭的,而且民族传统文化资源被使用后还不会产生废弃物,不会对环境产生不好的影响。最后,民族传统文化是植根于少数民族村寨的,不能被复制、不能被移动,是民族地区的核心竞争力所在,具有绝对的垄断优势。因此,民族地区围绕民族文化资源发展民族文化产业具有广阔的前景。

(二) 水族文化资源

水族在历史的长河中,创造了灿烂的文化,蕴含着丰富的民族文化资源,为水族文化产业的发展奠定了雄厚的基础。水族的主要文化资源如表3-1所示。

表3-1 水族文化资源

类型	种类	资源主要内容与特色
物质文化资源	服饰	男子:穿大襟无领蓝布衫,戴瓜皮小帽;老年人着长衫,头缠里布包头,脚裹绑腿
		女子:穿青黑蓝色圆领历襟宽袖短衣,下着长裤,结布围腰,穿绣青布鞋
	建筑	有三种"干栏"式建筑类型:高脚楼(含吊脚楼)、通长柱建筑、夯土台基建筑
	生产工具	船耙、石耙、犁
	特色饮食	鱼包韭菜、煮活鱼、水族酸汤
	民族工艺品	马尾绣、水族银饰、剪纸、背带

续表

类型	种类	资源主要内容与特色
精神文化资源	歌舞	歌曲类型：双歌、单歌、蔸歌、调歌、诘歌 主要乐器：铜鼓、大皮鼓、芦笙、胡琴、唢呐
		铜鼓舞、芦笙舞、斗角舞
	水书	水族的文字，水族语言称其为"泐睢"，水书是夏商文化的子遗，被水书先生代代相传。其形状类似甲骨文和金文，主要用来记载水族的天文、地理、宗教、民俗、伦理、哲学等文化信息
	传说故事	牙线造人、端节的由来、叽啾桂的传说、陆铎公传说、石马宝、五爪猪、水族人为什么住木楼、百褶裙哪里去了、鲁班造鱼
	信仰	拜干散、拜霞、苏稔喜、拜祖
	婚姻习俗	订婚仪式、送亲接亲、洞房对歌、哥弟送亲、新娘拜井、挑水认亲
	节日	端节：最长的节日，不同地方分批过。内容包括：赛马、敲铜鼓、唱山歌、跳芦笙，青年男女用山歌交流感情、互诉情意 卯节：东方情人节，每年水历九、十月（农历五、六月）择一卯日举行。当天，青年男女打着伞，手拿花帕到卯坡唱歌、跳舞和游玩。晚上，人们汇集村寨广场，击铜鼓、敲皮鼓、吹唢呐、演出传统的花灯剧等。还邀请客人饮宴 苏宁喜节：过节时间在农历十二月五日，据说这天"牙花散""牙花离"（地母娘娘或生母娘娘）发送许多婴儿去人间，做人家的子嗣。还有额节、荐节、洗澡节、敬霞节、怀雨、祭龙潭等
制度文化资源	议榔制度	一个寨子内部或几个寨子联合一起，共同商议，制定出各种规定，然后敬神宣誓，立石为凭，要求人人自觉遵守。如有违反者，由寨老出面执行处罚，以维护公约的权威性

（三）民族工艺品产业化开发

1. 水族民族工艺品开发存在的问题

水族的民族工艺品以马尾绣、水族剪纸、编织、银饰加工、陶瓷、雕刻为代表，其中最有名的是水族马尾绣，其他的虽然也进行了一定的市场经济开发，但规模比较小，利润很低。目前，水族民族工艺品的开发主要存在以下问题。

一是传统艺人老龄化严重。以马尾绣为例，水族传统手工艺品是手工操作，工序繁杂，学习起来耗时费力。现在，水族女童、少女正处于小学、初中或高中教育阶段，学业繁重，无暇关注马尾绣的刺绣技艺；家长也担心学习马尾绣的刺绣技艺会影响孩子的学习成绩，不让孩子学习马尾绣的刺绣技艺；水族女大学生则是到外地上学、工作，脱离了马尾绣技艺生存的场域，自然也不会去学习马尾绣；初中、高中辍学的水族少女，不愿意留在枯燥乏味的乡村，也没有耐心学习马尾绣刺绣技艺，大多远赴外地打工。因此，掌握马尾绣刺绣技艺的年轻人非常少，具有高超技艺的更是凤毛麟角，现在掌握马尾绣刺绣技艺的大多是中老年妇女，老龄化比较严重。马尾绣的构图、技法反映了时代脉搏和绣娘的感悟，中老年妇女受生活环境和学识的局限，马尾绣的构图只能局限于乡村，种类单一，技法单调，不能反映水族人在现代的追求和对生活的感悟，影响马尾绣的品质。

二是民族工艺品品种少、产业链短。以马尾绣为例，传统上，水族马尾绣主要用于背带、帽子和绣花鞋。现在马尾绣手工艺品品种虽然有所扩展，但也仅仅局限于服饰相关的品种上，且马尾绣服饰只适合留在家乡的水族妇女穿，其他民族和外出务工的水族妇女都不穿马尾绣服饰，这使得马尾绣手工艺品的市场非常小，利润空间有限。另外水族马尾绣产业链短，对经济的带动能力弱，这也限制了水族马尾绣的市场容量。

三是传统技艺有待提高。传统上，水族马尾绣主要靠口耳传授世代相传，以前由于对马尾绣不重视，市场上又能够很容易买到廉价的替代品，所以很多老艺人优秀的马尾绣技艺还没有传下去就辞世了，马尾绣技艺甚至一度出现了断层。现在的马尾绣技艺无论从构图、技艺等方面都赶不上之前的。由于较为聪明能干的水族女性要么去外地上学，要么去外地工作，不再从事马尾绣的制作，限制了马尾绣优秀刺绣技艺的发扬光大和不断创新，制约了马尾绣质量水平的提高。现在马尾绣大多质量不高，高端、上档次、具有深度艺术内涵的精品不多，这也制约了马尾绣的发展。

四是品牌不响亮。无论水族民族工艺品的生产者还是经营者，品牌意识都不强，不会进行品牌创建、品牌营销、品牌推广，没有对品牌进行良好的规划、建设，所以水族民族工艺品并没有突出的品牌，品牌识别度不高，消费者无法从品牌上识别和挑选合适的工艺品，导致水族民族工艺品各生产企业在低层次的市场上竞争激烈，不利于水族民族工艺品市场的扩展和产业的发展。

2. 水族民族工艺品开发策略

民族工艺品产业要想有所发展，其产品必须受到消费者的认可，这就要求民族工艺品能够满足顾客的需求，能够打动顾客的心，使顾客心甘情愿花高价购买。顾客的需求是有层次性的，马斯洛需求层次理论认为人的需求有生理需求、安全需求、社交需求、尊重需求和自我实现需求，只有低层次需求被满足后，人们才产生更高层次的需求。[①] 民族工艺品满足人们需要的大小可以用需求半径来描述，具体如下。

如图 3-1，民族工艺品满足人们的需求从内向外逐渐扩大。如果只满足人们的生理需求，则需求半径很小，只是最内层圆的半径；如果能够进一步满足人们的安全需求，则需求半径扩大到第二个圆的半径；如此逐渐扩大，如果能够满足人们的自我实现需求，则需求半径就会扩展到最外层圆的半径。即民族工艺品能够满足人们的需求越高，需求半径越大。

---

① 李夏旭. 现代心理咨询实务［M］. 上海：文汇出版社，2021：46.

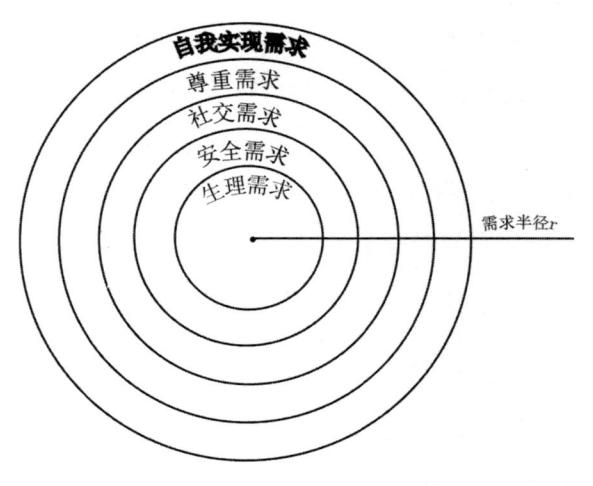

图 3-1　需求半径图

人们需求的满足程度随着需求半径的扩大而扩大,即人们的效用函数是需求半径的递增函数,需求半径越大,人们的满足程度就越高,即效用就越大。不仅如此,人们的需求的满足程度比需求半径更快地增长,即人们的边际效用函数是递增的。如果用 U 表示人们的需求函数,则 $U=U(r)$,$\frac{dU}{dr}>0$,$\frac{d^2U}{dr^2}>0$,具体可用图 3-2 表示。

如图 3-2,随着民族工艺品满足人们的需求程度越高,需求半径也就越大,人们的效用也就越高,而且是递增式增长。

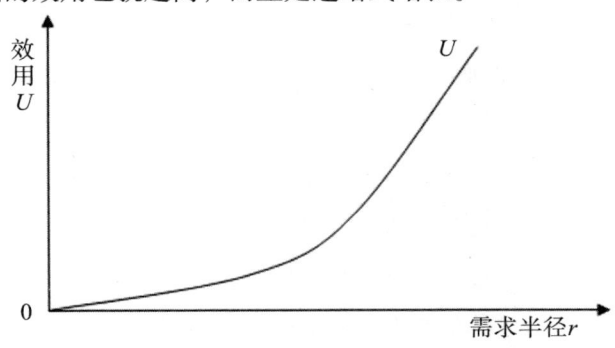

图 3-2　效用与需求半径的函数关系图

人们会在民族工艺品和货币之间进行权衡，如果民族工艺品带给其的边际效用更高，人们就会放弃货币而选择民族工艺品，即人们就会去花钱购买。例如，如果消费者认为某件工艺品的价值超过1000元，而售价只要500元，那么他就会毫不犹豫地花费500元购买，这样他就能够增加500元利益（1000-500，即消费者剩余）。一般来说，这种利益越大，消费者消费后的满足程度也就越大。相反，如果另一件民族工艺品售价也是500元，但消费者认为只值100元，那么消费者就不会购买，这种产品就销售不掉，付出的劳动就会白费。

因此，民族工艺品的产业开发，最重要的是要使民族工艺品最大可能地满足人的高级需求，即要使民族工艺品不断地提高消费者的需求半径。具体而言，民族工艺品的产业化发展应当从以下方面着手。

一是要注重对人才的培养。民族工艺品全是手工操作，效率低，工序繁杂。以马尾绣为例，其先要把3~4根马尾用白色丝线紧紧包裹，使之成为绣花线备用，再把马尾线按照构思的图样盘绣于布上，之后再用各种刺绣工艺进行填补。所有程序全部依靠手工操作，制作一套结婚礼服往往需要一年甚至数年时间，因此，民族工艺品的成本较高。高成本决定了民族工艺品的售价必然很高，这就要求民族工艺品能够满足人们更高级的需求，使之需求半径更大。此时民族工艺品不再是一件只能满足人们生理性需求的普通商品，而是能够打动人们心灵的艺术品，即民族工艺品是一个承载着水族的历史、价值观念、自强不息精神的艺术品，要求马尾绣艺人具有独特的审美观念和创造性的构图、设计、刺绣能力。所以，水族民族工艺品的发展，要吸引文化水平较高、心灵手巧的水族年轻人参与，摒弃认为水族工艺品上不了台面的传统思维，树立从事水族民族工艺品事业就是传承民族传统文化，进行高尚艺术创作的观念，使优秀的水族人珍惜水族民族工艺品艺术，愿意为之付出自己的智慧和汗水。要培养马尾绣的大师，使每一件马尾绣产品都成为具有收藏价值的艺术珍品。

其次，应当对水族民族工艺品的工序进行适当分工，培养专门人才。

传统上，水族的民族工艺品各种工序都是由一个人独立完成的。以水族马尾绣为例，一个人要完成构图、色彩搭配、绣花线的制作、刺绣等所有的工作，这就要求马尾绣艺人是一个全能的人才，无疑增加了马尾绣工作的难度，吓退了诸多想学习马尾绣的年轻人，无形中降低了马尾绣的质量。如果能够将马尾绣进行适当分工，擅长构图设计的专门负责构图设计，擅长色彩搭配的专门负责色彩搭配，擅长制作绣花线的专门负责绣花线的制作，擅长刺绣的专门负责刺绣，这样，每一道工序都由最有天赋、最擅长的人去做，自然能够提高马尾绣的品质，也降低了从事马尾绣工艺品的难度，能够吸引更多年轻人从事不同工序的工作。

最后要注重水族工艺品经营管理人才、营销人才的培养。民族工艺品产业化，这是一种市场经营行为，这就会需要一批懂管理、会经营、擅长营销的专业性人才，也需要培养懂得网络营销和电子商务技术的现代技术人才。但水族地区相对来说发展得比较落后，人才比较缺乏，本地培养的人才都流失到了其他地方，培养民族工艺品产业发展所需要的人才困难重重。比较可靠的途径就是与相关高校合作，培养当地愿意从事民族工艺品事业的水族人，必要时引进外资和经营人才也是一条可行之路。

二是增加民族工艺品的品种，延伸民族工艺品的产业链。以水族马尾绣为例，传统的作品是儿童背带、帽子和老年人的绣花鞋，这就限制了水族马尾绣的市场。可以以马尾绣刺绣技艺为核心，不断延伸相应的产品。

第一类是简单的延伸，可以把马尾绣图案引入时装，使马尾绣成为时装特有的元素，提升时装的品位；表演服饰市场也是一个可观的市场，马尾绣表演服装应当占有一席之地；人们都比较关注孩子，都愿意把最好的留给孩子，也希望能够看到孩子健康成长，因此儿童服饰市场也是一个巨大的市场。市面上大部分服饰的颜色、图案都是用化学染料印染上去的，对身体有一定的危害，而且图案容易失真。马尾绣用的是马尾，是纯天然的，满足了人们希望孩子健康成长的愿望；马尾绣的图案也包含了对孩子的祝福，例如，马尾绣儿童背带常常绣有蝴蝶图案，因为水族人认为蝴蝶是孩子的保护神,这来源于水族的一个传说故事。"据说过去有一年,大旱,一位母亲用背带背着孩子到处找水,毒辣的太阳晒得孩子几乎晕厥,而周围却无任何遮阳的地方或物品,母亲非常焦急却毫无办法。这时,一只色彩斑斓的蝴蝶飞来,正好停在孩子的头上,为孩子遮挡阳光,于是孩子得救了。水族人认为蝴蝶不是普通的蝴蝶,而是化身为蝴蝶的儿童的保护神,从此以后,水族人把蝴蝶绣在孩子的背带上,认为这样就能得到儿童保护神的庇佑,使其能够健康成长。"马尾绣的蝴蝶图案,寄托了水族人对孩子的美好祝愿,而这种祝愿也是天下所有人的愿望。所以可以把马尾绣图案用于儿童服饰上,开发出具有祝福意义的儿童服饰,相信其具有广阔的市场前景,特别是将儿童服饰作为长辈送给孩子的礼物,其价值不在于服饰本身,而在于其中包含的亲情和寓意,这样的马尾绣儿童服饰必将大受欢迎。

  第二类是将马尾绣进行深度延伸,将马尾绣扩展到礼品领域,如开发出具有马尾绣特色的包包、手袋、钱包等。人们总是希望通过礼物传递和加深感情,因此,无论是旅游还是因公外出,人们总喜欢给家人、亲戚、朋友等带一些具有本地特色的产品。马尾绣是独一无二的,具有浓郁的地方特色,马尾绣又是精美的,具有艺术性和乡土气息,如果能够把马尾绣用于礼品领域,开发出独具一格的礼品,必将大受欢迎。不过这有一个前提,即礼品必须兼具实用性和艺术性,无论是材料还是做工都应当是最优秀的,否则,粗制滥造的礼品达不到传递亲情、友情的目的,必然被人们抛弃。

  第三类是将马尾绣进行广度延伸。开发具有马尾绣特色的包装物,既能体现浓郁的民族气息和乡土气息,又能达到无形的广告和宣传效果。例如都匀特色产品毛尖茶,其包装如果采用具有马尾绣特色的包装,以水族少女在云雾缭绕的半山腰采茶、嬉戏为主要图案,再配以水族特色关于茶的传说故事,必然大受欢迎。这是因为茶是饮品,人们关注其养生的功效,追求纯天然和古老的工艺,而马尾绣包装的民族特色正好传递了乡土气息和悠久的历史；再者，人们品茶，品的不仅仅是茶的口感，更是茶所传递的品位、历史感和文化气息，而马尾绣的包装正好满足了这一要求。还可以开发家装装饰品。马尾绣品具有浮雕感，图案不变形，经久耐用，具有特殊光泽，不褪色，很适合用于家装装饰物。可以与家装公司合作，开发出别具一格的马尾绣特色的装修风格，也可以单独制作装修装饰画或摆件。当然，马尾绣的图案可以不再局限于传统的图案，可以结合现代家居需求，创造多种风格的图案。另外也可以以马尾绣的传说、故事打造马尾绣的实景演出。总之，民族工艺品的产业化开发，应当延伸产品线，以满足人们各种不同的需要。

三是要提高传统技艺水平。马尾绣不应当是普通的商品，而应当作为艺术品进行打造。有学者认为"艺术品的价值具有多重性和复杂性，包括艺术价值、历史价值、经济价值、科学价值、社会价值、教育价值等各个方面。但其中最重要的还是它的历史价值、艺术价值和经济价值。艺术品的历史价值包括艺术品材质、题材、风格等方面的历史渊源、本民族的文化传统、外来民族文化的烙印以及反映到艺术品中的独特的民族风格。艺术价值是艺术品的内在价值，也就是审美价值，即艺术能给人带来美感、让人产生联想和共鸣、能澄净和陶冶鉴赏者的心灵和提供精神愉悦的价值，艺术价值是艺术品最本质的价值"[1]。所以马尾绣的创作不应当仅仅是画个图、绣个花那样简单，而应当是艺术家的创造性活动，能够体现水族的历史和奋斗精神，给人以独特的美感和心灵的启迪。所以，马尾绣艺人应当通晓水族的历史和文化，具有独特的审美观念和深厚的创作功底，只有培养这方面的人才，才能从根本上提升马尾绣的技艺水平。另外，应当搜集和整理历史上优秀的马尾绣绣片，分析、揣摩、学习历史上优秀的马尾绣的构图技巧和精湛的刺绣技术，不断提升马尾绣的技艺水平。

四是要进行水族民族工艺品品牌的规划和建设。民族工艺品的特色和

---

[1] 刘翔宇. 中国当代艺术品交易机制研究 [D]. 济南：山东大学，2012.

品质如果不能被消费者所感知，消费者就不能知道该产品的价值所在，就不愿意出钱购买。但由于信息不对称，在短时间内并没有有效的手段和技术让消费者感受到产品的价值。品牌代表一种特色，一种风格，消费者只需要通过品牌就能获知该产品具有哪种特色、风格和品质。销售者会不会销售低品质的产品呢？一般来说不会，因为一种品牌具有巨大的价值，如果为了小利而出售低品质的商品，等于砸了自己的品牌，损失巨大，一个理性的经营者自然不会这样做。所以品牌是给消费者产品品质的一种保障，使消费者能够放心购买，人们一般也都喜欢购买品牌产品。消费者购买民族工艺品常常是为了显示自己的品位、身份或地位，常常是一种炫耀性消费，如果民族工艺品没有品牌，其他人就无从判别民族工艺品的品位、特色、风格，炫耀性消费就达不到其应有的目的，消费者自然也不会购买。因此，水族民族工艺品品牌建设刻不容缓。首先要明确品牌所传递的特色和价值观，即这种品牌的产品会给消费者带来什么样的特色和价值；其次要明确品牌的定位，通过竞争者分析、外部环境分析、市场容量分析以及自身的优势和劣势，明确该品牌产品的定位和所服务的客户群体；再次，设计品牌的名称和特色，使品牌能够准确传递产品的品位、特色、风格和本企业的价值观和经营理念，设计的品牌还应该容易被消费者所识别和认同；最后，应当对品牌进行规划和建设，使品牌与企业战略融为一体，品牌成为企业文化的重要组成部分，深入每个员工的内心。

（四）饮食产业化

随着人们收入的逐渐提高，人们从注重物质转为注重精神，逐渐重视安全和健康。节假日，人们喜欢旅游，渴望感受不一样的文化。笔者对多个民族地区田野调查发现，游客一般都喜欢品尝当地的特色美食。水族的饮食能够满足现代人们的需求，具有产业化的先天优势。

水族饮食文化是水族文化的集中体现之一，品尝水族饮食能够更深入地体验水族的传统文化，所以水族饮食对游客有很强的吸引力。水族饮食

<<< 第三章　民族传统文化促进乡村振兴研究——以水族为例

的食材是水族人亲自种植或养殖的,水族地区山高林密,几乎没有任何污染,食材是真正纯天然、无公害的绿色食材。例如水族特色食品鱼包韭菜,所用的鱼为鲤鱼或草鱼,来源于稻田养鱼。水族主要种植水稻,有稻田养鱼的习惯,即当秧苗长到一定高度,就在稻田放养鱼苗,水稻成熟时,鱼也就长大了,稻田放水,把鱼移到池塘,客人来时,随时从鱼塘里捉一条。稻田养鱼,如果打农药或施化肥,鱼就会死亡,所以水族人很少打农药、施化肥。鱼以稻田里的虫子、杂草为食物,可以减少虫害;鱼的粪便可以作为水稻的肥料;鱼潜伏于泥土之中,可以疏松泥土。这对水稻的生长非常有利,也减轻了水稻对农药、化肥的依赖,所以水族的鱼包韭菜所用的鱼是纯天然的,水族所食用的大米也是纯天然的,这正好能够满足现代人们追求纯天然、无公害、绿色食品的心理需求。

　　水族的饮食还能满足游客保健的心理需求。以"鱼包韭菜"为例,水族的"鱼包韭菜"来源于一个传说。"据说远古的时候,水族人居住在一个有水的地方,以打鱼为生。后来,瘟疫突然流行,很多水族人都病了。水族的先祖通过不断地摸索,发现用当地的九种蔬菜和鱼虾放在一起做成菜,人们吃下去就可治病、防病,于是水族人都康复了。随着岁月的流逝,九种蔬菜的配方失传了,水族人用韭菜来代替原来的九种蔬菜,做成鱼包韭菜,在节日宴请宾客。"水族用"鱼包韭菜"款待宾客既是对先祖的感恩和怀念,又是对宾客的一种美好祝愿,即祝愿大家身体健康,这正好满足了人们追求健康的心理。从医学角度看,"每100克鲤鱼肉中,含蛋白质20克、脂肪1.3克、碳水化合物1.8克,并含有多种维生素和人体必需的微量元素。鲤鱼还有药用功效,具有利水、消肿、下气、通乳、止咳、安胎、消除黄疸、镇惊的作用,适用于水肿、咳嗽、气喘、胎动不安、小儿惊风、癫痫等病症。此外,鲤鱼的视网膜上含有大量的维生素A,因此,吃鲤鱼有利于明目"[①]。孙志勇等通过实验研究发现,韭菜原汁中含

---

① 邬时民.鲤鱼菜谱两则[J].农村百事通,2015(24):67.

55

有较强抑菌活性成分，体外对大肠杆菌、痢疾杆菌、金黄色葡萄球菌、绿脓杆菌、变形杆菌、枯草杆菌等 6 种常见致病菌有明显的抑菌作用。① 黄锁义研究发现，韭菜总黄酮提取液对 Fenton 体系产生的 OH 自由基有很好的清除作用。② 韭菜膳食纤维含量丰富，误食的杂物，如头发、沙子、小金属物等在消化道内易被韭菜包裹，随大便排出体外，从而避免杂物对身体的伤害。曹振玲对 50 例吞服不同种类异物患者进行跟踪治疗，临床疗效表明，49 例经吞服韭菜为主的非手术疗法治疗，取得了异物排出的满意疗效，总有效率达 98%。③ 张延亮等报道 3 例误服铁钉患者均采取食用炒熟韭菜（勿切割）的非手术疗法治疗并留院观察，定期进行 X 线检查，以确定铁钉到达部位。临床结果表明，3 例患者体内铁钉均在 24~48 h 内由大便排出，出院时患者无任何不适。④ 由此可见，水族的"鱼包韭菜"不仅味道鲜美，而且具有保健作用，正好能够满足消费者的保健需求。因此，水族的饮食具有产业化开发的广阔前景。

　　应当注意的是，水族的饮食没有标准化，质量不稳定，难以有效推广。以"鱼包韭菜"为例，该菜是由水族各家各户做的，其食材、配料、做法虽然大致相同，但在细节和火候把握上还有很多差别，不同的农户做出来的口感差异很大。由于没有标准化，有的人就可能为了获得更多利润，采用市场上廉价的鱼和韭菜，降低了"鱼包韭菜"的品质，败坏了"鱼包韭菜"的名声，这限制了"鱼包韭菜"的推广。水族还没有保护自己饮食做法的意识，饮食配方和做法易被仿效。水族没有商标和品牌意识，易被他人抢注商标。

---

① 孙志勇，宋明英，韦坤德，等. 韭菜汁对病原菌的体外抑制作用的研究［J］. 遵义医学院学报，2008，31（06）：584-586.
② 黄锁义，林丹英，尤婷婷. 韭菜总黄酮的提取及对羟自由基的清除作用研究［J］. 时珍国医国药，2007（11）：2786-2787.
③ 曹振玲. 韭菜治疗 50 例胃肠道异物体会［J］. 中国民族民间医药，2012，21（20）：72.
④ 张延亮，白青山. 韭菜治疗误服铁钉 3 例［J］. 临床军医杂志，2000，（04）：120.

因此，水族的饮食的产业化，首先，要注册并保护自己的商标，该商标归该地域内所有的水族人所有，而不应该是归某个企业所有。其次，要制定饮食品牌的质量标准，例如，"鱼包韭菜"要规定鱼的标准、韭菜的标准，并严格执行。凡是本地的水族人，都可以运用"鱼包韭菜"的商标，但必须按照质量标准保证其质量，凡是违反的要进行严厉处罚，严重的禁止生产和销售"鱼包韭菜"。再次，要严格保护水族饮食的配方和做法，严厉打击仿冒行为。最后，不断研发新的品种。例如，从水族有关的典籍、传说等中挖掘古老的"鱼包韭菜"的九种菜的配方，再现古老的饮食，重新开发新的品种，使其更具有历史意义和保健价值，更具有开发的价值。

（五）水族文化的旅游价值挖掘

随着人们生活水平的提高，人们的需求发生了转变，从重视物质转向重视精神。旅游服务消费所占的比重越来越高，每到节假日，各大景点人满为患，这说明我国的旅游产品数量还远远满足不了人们的需求，旅游产业发展前景十分广阔。

水族传统文化具有独特性，有世界上最长的节日——端节，有"东方情人节"美誉的卯节，有"世界象形文字活化石"之称的水书，有被称为"针尖上的活化石"的马尾绣。水族文化的独特性完全满足游客求新求异的需要，即水族传统文化带给游客的边际效用很大。根据边际效用价值理论，消费者支付的价格等于其边际效用，即 $P = \dfrac{MU}{\lambda}$，其中 MU 是指水族传统文化对游客的边际效用，P 是游客愿意支付的价格，λ 可以看作单位货币的效用。水族传统文化是稀缺的、独特的，是其他地方没有的，这决定了水族传统文化带给游客的边际效用 MU 很大，所以游客愿意支付的价格 P 也很高。这说明水族文化具有旅游开发的巨大价值，水族文化旅游市场前景广阔。

文化旅游产业属于市场经济的范畴,是面向市场的,要根据游客的需求生产相应的旅游产品。水族传统文化对游客来说是新奇的,但并不一定完全满足游客的需要,应当针对游客的需要,对水族传统文化的元素进行一定程度的加工,以最大化满足游客的需求。所以水族文化旅游并不是把水族传统文化原原本本地拿出来供游客参观,而是从水族传统文化中抽取相应的文化元素,通过文化创意活动,打造具有水族特色的旅游商品,以最大化满足游客需要。

水族文化旅游资源开发,首先要进行基础设施建设。人们最基本的需求就是生存需求和安全需求,只有基本需求满足了,才会产生更高层次的需求,如果连最基本的需求都满足不了,怎么可能产生对旅游服务的高级需求呢?例如,如果当地卫生环境条件差,没有干净的厕所、没有放心饮用的水、没有达到卫生条件的餐饮服务,也没有安全卫生的住宿条件,游客会去旅游吗?因此,要发展民族文化旅游,首先要进行基础设施建设。创造一个良好的治安环境,如果出现纠纷,能够快速出警处理;对非法行为,能够及时制止,保护游客的安全和合法利益。修好道路,建好停车场,方便游客进出;建设卫生设施,提供卫生服务,做到道路有人打扫、垃圾及时清运、厕所整洁卫生、饮食安全有保障;保障电力供应,提供稳定的通信服务。总之,基础设施都要围绕着游客的基本需求进行建设,为游客提供一个安全、放心、卫生的旅游环境。

其次,应进行文化创意,最大化满足游客需要。游客的需求是多层次的,满足的层次越高,游客愿意支付的价格也就越高,民族文化旅游产业越可能成功。第一层次仅仅是满足游客感受异文化的需要,例如游客参加水族端节、卯节,感受水族的传统文化。这是直接把水族的传统文化原原本本地拿出来呈现给游客,这样做虽然能够让游客感受到原汁原味的水族传统文化,但是也有很大的弊端。一是只能在节日满足游客需要,节日过去,也就没有什么可以吸引游客的了,文化旅游难以持续;二是这种文化展示并没有使游客感受到水族文化产品的魅力,就像只是把原始的璞玉拿来供人欣赏，并不能让人感受到玉的魅力，人们也不会给予很高的价格，而如果通过精雕细琢，转变为"和氏璧"，则必然光彩夺目，令人惊叹不已，人们争相欣赏，价格自然暴涨；三是水族传统文化是水族人民日常生活中长期积淀形成的，反映了水族的文化观念，这与游客的文化观念有很大的不同。笔者调查发现，大多数游客并不是想了解水族文化的内涵，游客只想放松和寻求乐趣，并不想费心费力去探究水族文化的真实性。所以真实的水族文化并不能满足游客，而从水族文化中抽取某些元素按游客需求进行加工，形成带有水族元素的文化商品，这样才能真正满足游客需要。第二层次就是把民族传统文化变成歌舞节目进行展演，例如把水族的婚姻习俗排练成节目，日常进行舞台表演。这种展演不需要在节日，而是随时可表演，可以在日常吸引游客。但是，这种展演是把水族文化进行了初步的加工，主要是通过刺激眼、耳满足游客的好奇心理，对游客的满足程度也不是很高。第三层次是把水族传统文化进行深度加工，如提取水族传统文化并结合水族传说、故事，打造精湛的情景剧、小品进行演出，从感官刺激和情感上打动游客，给予游客深度的满足。第四层次是运用现代科技进行实景演出，如《印象·刘三姐》，从多种角度深度打动游客。除此以外，游客还有追求知识获得的需要，尤其是孩子家长，非常关注孩子的成长。水族地区山清水秀，纯净的空气，天然的食品，非常有利于孩子身体的健康；水族地区灿烂的水族文化，能让孩子感受到我国传统文化的丰富多彩；创办青少年活动基地，吸引全国甚至全球的青少年来体验水族马尾绣技艺、剪纸技艺，学唱水族民歌，感受水族舞蹈；亲自动手种植作物，感受水族传统农业种植技术，学习农业和生物学知识，动手磨豆腐，感受食物的来之不易。展示水族的耕作技术，例如展示犁，从古代的石犁、木犁、铜犁、铁犁到现代的耕种器具，既能让小朋友直观感受我国古代人的智慧，又能学习知识，从思想上教育小朋友。这样不仅能让游客感受到异文化的新奇，还能促进身体健康，而且能从实践中巩固和学到新知识，促进心灵的净化和思想的升华，游客的需要必然得到极大的满足，自然能够促进水族文化旅游的发展。

（六）精神文化产业开发

水族有丰富的非物质文化遗产，例如，水族有丰富的神话故事、传说，这些资源是水族宝贵的文化遗产，可以作为文化产业的重要资源。很多轰动一时的小说、动漫、电影、电视剧都是以神话故事和传说为基础的，例如，我国的《西游记》《花木兰》《日本的海贼王》《火影忍者》都是典型代表。但目前，水族传统文化的开发过程中对于这些方面的重视程度远远不够，导致这些文化资源没有得到很好的利用和开发。

水族精神文化资源，可以进行以下方面的开发。

一是创作网络小说。随着移动网络技术的发展，网络小说日益红火。网络小说要吸引受众，一要有新奇性，平淡无奇的小说场景，无法吸引人的注意力；二要有历史性、知识性、趣味性，从内心打动读者。水族传统文化相对于现代文化来说是新奇的，水族文化是历史积淀而形成的，是水族传统知识、价值观念、智慧的反映，完全可以作为网络小说的创作素材。由于网络作家对水族文化缺少了解，所以很少以水族文化为创作素材，如果举办一次全国性的水族元素的网络小说大赛，一定能够吸引众多网络小说作家的关注，而网络小说又推动人们认识和了解水族文化，激发人们的好奇心理，也能够促进水族旅游业的发展。例如，金庸武侠小说的热潮，推动了少林寺景区旅游业的发展和武术学校的发展。

二是创作动漫、电视剧、电影等影视作品。具有水族文化元素的网络小说的热潮，必然推动一批优秀的网络小说脱颖而出，这就会吸引一批动漫、影视剧组的关注，他们会收购该类小说，并将小说改编成剧本，搬上荧幕。例如，《盗墓笔记》网络小说的流行，吸引了出版社的目光，使之成为畅销书之一；《盗墓笔记》还吸引了影视公司的关注，先后拍摄了电视剧和电影，均成为热门的影视作品。

三是创作网络游戏作品。网络游戏深受青少年的追捧，网络游戏的火热发展成就了众多网络游戏公司。例如，网络游戏成为腾讯一大利润来源，2017年为腾讯贡献了约41%的利润。包含水族元素的小说和影视剧的成功，也会吸引网络游戏公司的关注，将小说、影视作品改编成网络游戏，这无疑会扩大水族文化的传播范围和影响力。

四是开发玩具、儿童服饰等。包含水族元素的动漫和影视的热映，动漫和影视剧中的人物形象必然能够吸引小朋友，将小朋友喜爱的人物形象开发成玩具，受到小朋友的欢迎。将有关的图案融入儿童服饰之中，设计具有水族元素和图案的儿童服饰，吸引小朋友的目光，也必然深受欢迎。

另外，在动漫、影视热映的基础上，打造主题乐园，也是水族文化开发的重要方式之一，如迪士尼乐园等。

水族传统文化的开发可以用下图表示。

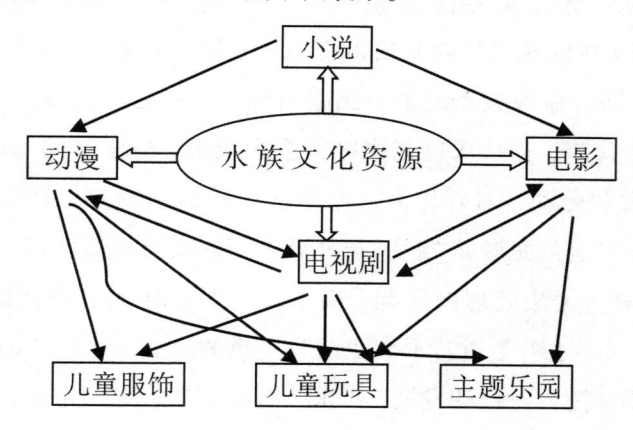

图 3-3　水族传统文化资源开发

不过，应当注意的是，水族要把水族文化资源的所有权牢牢抓在自己手里，在文化产业中占有一定比例的股份，不然的话，文化资源无偿供他人使用，而水族人无法获得任何收益，这也会挫伤水族人民开发水族文化资源的积极性，影响水族文化资源的保护和开发。

二、水族传统文化的现代乡村治理价值的挖掘

历史上,各少数民族创造了具有本民族特色的治理制度,在乡村治理中发挥了重要的作用,直到今天,这些制度仍然具有重要的价值和启示意义。所以,当下仍需要挖掘少数民族传统文化的治理价值,融入现代乡村治理之中,改进治理体系,促进民族地区的乡村振兴。

(一)水族传统的治理制度:"议榔制度"

以水族为例,水族在历史上创造了一整套被称为"议榔制度"的乡村治理制度,这种制度的组织和运行规则如下。

1. 洞、水、榔的治理组织体系

"洞"是水族的基本社会基层组织,一般是水族聚居的村落。早期的"洞"由具有同一血缘关系的单一氏族构成,后来逐渐扩展,一个"洞"包含了若干个氏族;这些氏族以血缘关系为纽带,居住于同一地理位置,对内共同开发和劳动,对外作为一个整体协同活动和参与社会管理。后来,随着经济社会的发展,"洞"与外界之间的交流逐渐增多,出现了很多单一的"洞"无法处理的问题,需要各"洞"协同管理,于是"水"组织应运而生。"水"是由若干个"洞"组成的联盟,这些"洞"地域相邻,相互通婚。随着时代的发展,"水"逐渐摆脱通婚的限制,演变成一个单纯的区域性组织。水族地区有"十六水"之说,指的就是水族地区最早有16个"水"组织。后来,"水"组成联盟,形成"议榔"制度。

自然村落是"议榔"制度的基本组成单位,村落内组成村寨议事会,由族老、族长和有威望的人组成,负责村落的日常管理和处理对外事务。由一个或数个自然村落组成"小榔",若干个"小榔"组成"大榔","大榔"制定统一的"榔规",各"小榔"、村落都要执行。

2. 以寨老为核心管理人员

村落有议事会,议事会成员由村落中的老人构成,他们没有特权,日

常参与生产活动。之所以选择老人，一是老人见多识广。过去，水族人大多没上过学，不识字，水族人关于村规民约、本族的风俗习惯、风土人情等知识都依靠经验的积累。水族老人经历的事情相对较多，经验较为丰富，能够较好地处理水族事务。二是老人具有代表性。水族有多子多福的观念，一位老人常常有多个子女，所以老人常常代表多个家庭，老人的意见较为能够服众。三是老人时间较为空闲。老人虽然也进行农业劳动，但因为其年老，很多繁重的工作由其子女代为劳动，所以老人相对比较清闲，有时间处理公共事务。四是老人具有表率作用。参加议事会的成员都是通晓村内外事务、办事公道、热心公益、有一定威望的老人，他们具有榜样和表率作用，可以教育年轻人，监督村民执行"榔约"。

3. 村民协商议事

村落中的大小事务由议事会成员协商决定，寨老负责教育本村落成员严格遵守"榔规"。当社会环境出现严重变化，单个村落无法应对时，则召开大型的"议榔"会议，由众多村寨集体参加议事。例如1894年有29个村寨参加议事。会议时，大家齐聚一堂，就各项事情进行讨论，每个人都必须发言表态。议榔时，对不遵守规定者要予以惩罚。"对态度暧昧，是非不明，不表态者，也要问罪。"[①] 议定完毕，请人将议定的条款书写于纸上，大家盖印，以示同意。有时也请人将议定的条款铭刻于石碑之上，永久遵守，例如"乡禁"碑、"永禁"碑、"万古不朽"碑等。

4. 共同监督和执行

水族没有专职的监管和执行机构，水族的治理依靠全体村民监督和执行。治理需要信息，只有获得及时准确的信息，才能进行相应的治理，保证社会秩序。水族治理的信息来源于全体村民，对于反映信息的村民给予奖励，对于不反映相关信息的给予更严厉的惩罚。"一议偷盗田禾五谷，若见实者谢银一两二钱，若见不说者，罚银二两四钱，拿获贼犯交与贼族

---

① 中华文化通志编委会. 侗、水、毛南、仫佬、黎族文化志[M]. 上海：上海人民出版社，1998：231-232.

赔赃后，逐贼出境，不准入乡。"① 水族依靠全体村民进行侦查和搜寻违规者，如果有人不愿意侦查和搜寻，则要受到严厉惩罚，寨老也要连带受罚。"一议盗窃牛马，众寨每家出人一名，各带白米随身，牛脚哪寨搜寻，哪寨如不送搜寻者与贼同情，即问寨老赔偿。"② 抓捕盗贼同样依靠全体村民，如果有不去抓捕盗贼的，也要受到惩罚。"一议如贼人入寨偷窃，闻听鸣角为号，各寨人众自往要路截拿，如有一家不到者，罚银五两入公。"③ 由各寨老人代表本村寨监督执行"榔约"，如有违规，老人就要受罚。"一议各寨老人包禁各寨后生无许作贼，如有哪寨之人犯贼案者，众出公秉解官究治后逐贼出境，不准入乡。寨老出银五两入公。"④

5. 以罚款、逐出村寨、解官究治为主要惩罚手段

为保证"榔规"得到有效执行，维护水族正常的生产和生活秩序，水族采取了一些措施对违规者进行惩罚，惩罚以罚款为主，"榔规"中的大多数条文都附有罚款条款，对于违规不严重者，大多处以不同程度的罚款进行惩罚。罚款不是以实物缴纳，而是以货币形式缴纳，说明当时水族商品经济已经有所发展，货币流通已经很普遍。对于严重违反规定者和对当地社会造成严重影响者，则采取"逐出村寨"或解官究治后逐出村寨的措施。"逐出村寨"在现代人看来似乎没有什么威慑力，但在古代，"逐出村寨"就意味着丧失了所有的生产生活资料和一切社会资源，在商品经济不发达的古代就意味着很难找到谋生方式，只能进入无人区打猎或开垦荒地维持生计，所以这一处罚措施是一种非常严重的处罚，对潜在的违规者有很强的震慑力。从惩罚措施来看，水族由各村寨私自惩罚违规者居多，解

---

① 中华文化通志编委会. 侗、水、毛南、仫佬、黎族文化志 [M]. 上海：上海人民出版社，1998：231-232.
② 中华文化通志编委会. 侗、水、毛南、仫佬、黎族文化志 [M]. 上海：上海人民出版社，1998：231-232.
③ 中华文化通志编委会. 侗、水、毛南、仫佬、黎族文化志 [M]. 上海：上海人民出版社，1998：231-232.
④ 都匀市民族事务委员会. 都匀市民族志 [Z]. 内部资料. 1990：231-232.

官究治的占极少数，这是因为在皇权不下乡的古代，官府资源非常有限，没有足够的人力物力来管理众多事务，私自惩罚被官府默许。另外，在古代，水族地区交通甚为不便，解官究治需要消耗大量的人力物力，村寨直接惩罚消耗的成本更低；在交通、通信不发达的古代，解官究治消耗的时间甚长，惩罚的详情也很难传递到村寨，削弱了震慑潜在违规者的效果；解官究治，不能从违规者处获取任何收益，无法补偿受害人，"议榔"制度所消耗的监督、侦查、抓捕等成本也得不到任何补偿，无力维系。所以，以罚款为主，村寨内部处罚为主体成为议榔制度的必然选择。

（二）乡村振兴对传统治理制度的挑战

水族传统治理制度不完全适应现代国家治理制度。传统的议榔制度适应皇权不下乡的古代国家治理制度，"榔规"被官府默认为地方的法规，村寨被默认为地方的立法和执法机构。在当下法治社会背景下，村寨不再具有立法权，村寨制定的村规民约只具有道德劝谕和宣传教育的意义，而不再具有任何法律效力。在乡村振兴的背景下，只会强调这一点，而不可能再赋予村寨立法、执法等权力，村规民约更不可能凌驾于法律、法规之上。

水族传统治理制度不完全适应现代市场经济。传统的议榔制度适应自给自足的自然经济。古代自给自足自然经济的特点是，以农业为主要的生计方式，水族村民都被束缚在土地之上，人员很少流动，经济关系、社会关系相对都比较简单，具有相同的生活习俗，人们按传统习俗生活和交往，村民经济地位大致相同，人们相互熟识，彼此之间交往比较多，是传统意义上的熟人社会。议榔制度适应这一特点，以具有广泛代表性的寨老为管理核心，全体村民协商议事、依靠村民监督和执行。但在乡村振兴背景下，产业兴旺是必然要求，产业兴旺要求生产经营主体发生变化，不再仅仅以家庭为生产单位，农业企业、农场、合作社将成为主要的生产经营主体；生产方式发生变化，机械化、自动化、智能化技术将广泛应用；生产模式多样化,将实现农旅融合、文旅融合,体验农业将获得长足发展。这样的发展肯定能够吸引大量的投资者、管理人员、技术人员、营销人员进入,人员流动频繁,经济关系和社会关系日益复杂化,人们的生活习俗各不相同,人们之间的交往不再基于传统习俗,人们的经济条件相差很大,人们之间大多不相识,成为陌生人社会。传统的议榔制度无法处理复杂多变的经济关系、社会关系。例如,过去寨老社会经验丰富,故而选择寨老作为治理核心,而在乡村振兴背景下,老年人很少出门,见识反而不足,在处理复杂关系时往往手足无措。再如,"榔规"对外地游客是否有约束力?如果有,则村寨就有动机利用游客的不知情而制定一些条款损害游客的利益来获利;如果没有,又如何约束游客的一些违背当地习俗的行为呢?

(三)水族传统治理方式在乡村振兴中的价值

在乡村振兴背景下,水族传统的治理方式虽然有很多不足和落后,但是,其仍然能够在乡村振兴中发挥重要的作用。

1. 弥补现代法制的不足

依法治理是乡村振兴的必然要求。我国是法治国家,乡村振兴中自然要坚持法律至高无上的地位,法律是调整人们行为的社会规范。但是,法律不是万能的,它只能涉及社会中一些普遍的、经常发生的问题,还有很多问题无法用法律进行解决。例如,水族有很多禁忌,如果被触犯,矛盾不可避免,但法律难以解决此类纠纷。有些纠纷,虽然能够通过法律途径解决,但耗费的时间长,成本高,而且伤害村民之间的感情。例如,村民日常的鸡毛蒜皮的事情,如婆媳纠纷、夫妻纠纷、邻里纠纷等,即使能够通过法律途径解决,但要准备各种法律诉讼文件,要起诉、侦查、固定证据等,往往需要耗费很长时间,而且成本高,即使诉讼成功,收益完全不能覆盖成本,还会伤害村民之间的感情。

水族传统的议榔制度,根植于水族传统文化,其处理问题的方式符合水族的价值观和风俗习惯，易于被水族人所接受。"榔规"依靠水族的道德舆论监督执行，每个人都在他人的监督下行动，一旦违规，就很容易被他人发现，所以水族的议榔制度更易于调整水族的行为。一旦出现纠纷，及时找老人调解，水族老人按"榔规"调解，方便快捷，成本低廉；按水族价值观和风俗习惯调解，更易于被水族人所接受。

民族地区的乡村振兴，不会削弱民族文化，而应当是以民族传统文化为核心的乡村振兴，民族习俗、民族价值观念必然是调整少数民族行为的方式之一，并且长期存在。水族的传统习惯法必将长期发挥重要的作用，是民族地区乡村治理的重要方面，因此，在乡村振兴中仍然要重视民族传统治理方式的价值，引导其为乡村振兴服务。水族以议榔制度为基础的治理方式，比法律方式更快捷、对水族村民的约束性更强。因此，在乡村振兴中，水族传统的治理方式能够有效弥补现代法制的不足，丰富水族的治理手段，促进水族地区的乡村振兴。

不过，传统的议榔制度还存在很多与乡村振兴不相适应的方面，例如"榔规"中"罚款""逐出村寨"等处罚方式，由寨老组成的议事会执行。乡村振兴背景下，"议事会"不再具有执法权，如果执行惩罚措施就是违法行为。所以在乡村振兴中，既要发挥水族以议榔制度为基础的治理方式的优点，也要改变其与现代法制、时代要求等不相适应的方面，同时要融入乡村振兴的相关要求，改变其形式，以便在乡村振兴中更好地发挥作用。

2. 教化功能

水族议榔制度有很强的教化功能。"议榔"也称为"议康"，即众多村寨集会制定"榔规"，"议康"会议一般五年一次，集会时，各村寨代表牵着黄牛，赶往集会之地。会议时每人都发表自己的意见，讨论"榔规"的每一个条款，最后形成"榔规"，请人书写后摆于长桌之上，如无异议，则每人盖印以示遵从，完毕，集体庆贺，最后宰牛烹煮、饮酒聚会。"议榔"会议是一场水族价值观念的教育活动，让水族意识到水族是一个整体的观念，即每一个人是村寨的一部分，每一村寨又是"榔"组织的组成部分，每一个人离不开村寨，村寨也离不开"榔"组织。讨论"榔规"的过程，使大家意识到水族目前面临的形势和需要解决的问题，商讨的具体条款也反映了水族的价值观念。"议康"形式是热烈的，对每个水族人来说也是一个大事，这个形式实际上也在告诫大家要遵守"榔规"，不能违反水族的传统习俗和价值观念。"榔规"是水族价值观念的直接反映，又反过来对水族价值观念进行引导，它告诉水族人什么是对的，什么是错的，什么是应该褒扬的，什么是应该惩罚的，从而在无形中起着宣传教育和调整人们的行为的功能，使人们的行为符合社会秩序，从而维持社会的正常秩序。对于违规者，轻者给予教育，纠正其行为。"凡打架，站在寨外进行教育。"① "虐待老人，全寨集中进行教育。"② 违规行为稍严重者，通过游寨进行惩罚。"偷蔬菜者，抱菜游寨，进行教育。"③ "偷柴禾，……，游寨进行教育"④。违规较严重者，则通过罚款、罚实物、请寨子里的人吃饭等方式进行处罚。"一议偷盗田禾苗五谷，若见指实者谢银一两二钱，若见者不说者，罚银二两四钱。"⑤ 非常严重者则逐出村寨进行惩罚。"拿获贼犯交与贼族赔赃后，逐贼出境，不准入乡。"⑥ 最严重者，则可以处以死刑进行惩罚。"凡私通土匪者，查明属实就处死。"⑦ 除此之外，水族还

---

① 中华文化通志编委会. 侗、水、毛南、仫佬、黎族文化志 [M]. 上海：上海人民出版社，1998：234.
② 中华文化通志编委会. 侗、水、毛南、仫佬、黎族文化志 [M]. 上海：上海人民出版社，1998：234.
③ 中华文化通志编委会. 侗、水、毛南、仫佬、黎族文化志 [M]. 上海：上海人民出版社，1998：234.
④ 中华文化通志编委会. 侗、水、毛南、仫佬、黎族文化志 [M]. 上海：上海人民出版社，1998：234.
⑤ 韩荣培. 古代水族社会基层组织和土地、山林的管理方式 [C] //贵州省水家学会. 水家学研究（四）论文集贵州省水家学会，2004：252-261.
⑥ 韩荣培. 古代水族社会基层组织和土地、山林的管理方式 [C] //贵州省水家学会. 水家学研究（四）论文集贵州省水家学会，2004：252-261.
⑦ 中华文化通志编委会. 侗、水、毛南、仫佬、黎族文化志 [M]. 上海：上海人民出版社，1998：233.

通过道德、舆论监督和调整人们的行为，使其符合水族的价值观念。水族正是通过"议榔"制度，宣传水族的价值观念，并通过多种方式调整和规范水族人的行为，使其符合水族的价值观念，从而维持水族的社会秩序。

乡村振兴背景下，水族的"议榔"制度在很多方面已经不再适应社会的发展，这种制度几乎已经不再存在，但其核心内容已经内化为水族的一种精神，扎根于水族人的内心之中，水族人仍然按照其固有的价值观行动。例如，每个水族人都始终把自己作为村寨的一员，村寨中每个成员都视他人的事情为自己的事情。水族地区的乡村振兴，自然还是依靠水族群众。一方面，可以利用水族"议榔"制度的优点，村民自主协商，制定现代的村规民约，同时把社会主义核心价值观和国家关于乡村振兴的精神、政策、规划等融入村规民约之中，通过村规民约的教化功能，转化为水族村民的价值观，使水族人自觉为实现乡村振兴而奋斗；另一方面，在水族地区的乡村振兴中，执行法律要重视水族的价值观念、传统习俗、道德观念，必要的时候可以把法律精神融入水族的传统"议榔"制度之中，发挥"议榔"制度的教化功能，使人们自觉遵守法律、法规。

3. 凝聚力价值

水族"议榔"制度把水族凝聚起来，形成了一个整体，当出现问题时，每个人都把集体的事情当作自己的事情，集体应对。例如，出现土匪，大家共同对抗；出现盗匪，大家共同搜寻、抓捕盗窃犯。水族作为一个整体之所以有凝聚力，是因为该整体的利益与每个成员的利益完全一致。水族是迁徙而来，所使用的土地、水源等权属不定，水族唯有团结一致，依靠集体的力量才能保住土地、水源、山林等资源，水族人也才能生活下来。在过去，官府提供的交通、水利、治安等公共产品和公共服务极少，而这些公共产品和公共服务又是必需的，水族人只有团结起来，通过集体的力量才能提供这种公共产品和公共服务。所以水族的集体利益也就是个人利益，唯有保护集体利益，才能维护个人利益。水族的"议榔"制度中的教育、道德、舆论、惩罚等措施，能够防止机会主义的出现，确保水族整体利益与个人利益的一致；当水族成员遇到问题时,"议榔"制度确保其他成员都会协助。"一议如贼人入寨偷窃,闻听鸣角为号,各寨人众自往要路截拿,如有一家不到者,罚银五两入公。"① 在"议榔"制度面前,水族每个成员都是平等的,不存在高低贵贱之分,这保证了大家能够平等地协调沟通,化解水族成员之间的误解和矛盾。由于"议榔"制度的存在,欺骗等行为会受到舆论谴责或受到罚款等处罚,这也保证了水族成员之间的信任。

在乡村振兴背景下,水族人民、投资者、商人、企业经营管理者、技术人员既有共同的利益,也有局部的矛盾和冲突。团结一致、共同努力实现乡村振兴是大家共同利益的需要,但其中也必然会出现一些矛盾和冲突,这就需要一个新的"议榔"制度,各成员代表平等协商,制定一个大家都接受的新的"榔规",调节成员之间的矛盾,形成一种新型价值观,大家作为一个新的利益共同体,为实现乡村振兴而共同奋斗。

为更好地发挥水族传统治理的价值,在乡村振兴中,需要建立一个新型的乡村治理体制和机制。中国共产党始终代表中国先进生产力的发展要求、中国先进文化的前进方向、中国最广大人民的根本利益。乡村振兴就是解放和发展生产力,创造更丰富的物质产品和精神财富,满足人们对美好生活的追求。因此,在乡村振兴中,应当建立、健全基层党组织,利用党的号召力将所有成员凝聚起来,共同为实现乡村振兴而努力。建立平等协商制度,各成员在平等协商的基础上制定大家都遵守的新型"榔规",并定期或不定期根据社会发展情况通过平等协商修订。

(四) 结论和政策启示

水族以议榔制度为代表的传统治理制度在调解矛盾和纠纷中具有成本低、起效快的优点,在调解中更有人情味,更易于被水族人民所接受,在

---

① 韩荣培. 古代水族社会基层组织和土地、山林的管理方式 [C] //贵州省水家学会. 水家学研究（四）论文集, 2004: 252-261.

乡村振兴中可以弥补现代依法治理制度的不足。水族传统治理制度具有重要的教化价值，把社会主义核心观和乡村振兴的有关政策、要求等通过"议榔"等形式融入水族传统治理制度之中，成为一种潜移默化的力量，能够引导水族人民积极参与乡村振兴。水族传统治理制度蕴含凝聚力的价值，吸收水族议榔制度的形式，动员村民、合作社、农业企业等集体协商，形成新型的村规民约，将大家的力量凝聚起来，可以更快地实现乡村振兴。但水族传统治理制度也有其局限性。

基于本文的研究结果，可得到如下政策启示。

第一，在乡村振兴中要重视对于民族传统文化的研究。民族传统文化是乡村振兴的重要影响变量，如果利用得好，可能成为乡村振兴的催化剂，如果忽视民族传统文化，其也可能成为乡村振兴的绊脚石。因此，在乡村振兴的过程中要加强对民族传统文化的调查和研究。

第二，在乡村振兴中要合理开发利用民族传统治理制度的价值。民族传统治理制度是重要的非物质文化遗产，是前人智慧的结晶。应当合理挖掘、利用其价值，与现代治理制度相结合，更有效地促进乡村振兴。

第三，在乡村振兴中要注意民族传统治理制度的局限性。民族传统治理制度是在特定的历史环境下产生的，是与当地、当时的经济、社会相适应的，现在已经时过境迁，相应地，民族传统治理制度也与现在的经济、社会有不相适应的地方。因此，在利用民族传统治理制度的时候，也要注意分析其局限性和消极影响，不能生搬硬套，拿来就用。

三、水族传统文化的生态保护价值挖掘

水族有很高的生态智慧。水族在山上种树，任何人都不能砍伐，以保护水源地。山下种植水稻，稻田养鱼，稻田中的虫子和杂草为鱼提供食物，鱼排出的粪便为水稻提供养分。旱地种红薯和玉米，一部分用来养猪，另一部分用来酿酒。养牛马用于耕田、驮运，马尾用来做马尾绣的原料。春夏之际，田地生长杂草，拔掉杂草以保证庄稼生长，杂草用来喂牛马。秋冬季节，水稻已经收割，稻谷碾成米供人食用，谷糠成为猪的美食，稻草则用来喂养牛马。秕谷不能食用，但可以用来养鸡鸭，鸡鸭散养，吃杂草、虫子、洒在地上的零星米粒、谷粒、剩饭剩菜、猪的食物残渣等，所有撒的、丢的、废弃的零星食物都成了鸡鸭的美食，鸡鸭为人们提供蛋和肉。以植物秸秆为燃料，取暖、做饭，这就杀死了虫卵，减少虫害。人、畜、禽的粪便和牲畜的食物残渣经堆肥或发酵后作为肥料。水族崇拜大树，村寨大多都有"保寨树"或风水树，禁止任何人攀折和砍伐，对其他树林也存有敬畏之心。这就使树林得到保护，不仅涵养了水源，而且为建房提供了建筑材料。水族的房屋为干栏式建筑，以木和竹为原料，建筑过程中产生的树枝、废料作为燃料，用于取暖和做饭之用；房屋翻新，废弃物为腐朽的木材和竹子，也用于燃料，所以水族的建筑不会产生任何建筑垃圾。对水族而言，所有物资都是资源，没有纯粹的废弃物，所有的资源都能再生并循环利用。可以说水族构建了一个真正的循环系统，维持了生态的平衡，保证了生产的循环、物质的循环。

　　但是，传统的生计系统是低效率的，无法满足人们对美好生活的需要。乡村振兴，就是要改变生产经营模式，提高经营效率，丰富产品品种，提升产品品质。乡村振兴必然促进水族地区与外界的交流，流入的是资金、技术、管理以及伴随而来的人才和城镇文化，流出的是特色农产品、民族工艺品、民族乡村文化旅游服务。在城镇人眼里，水族传统的生计模式是不卫生的，为迎合他们的需要，水族不能再散养鸡鸭猪，这样，剩饭、剩菜不能成为鸡鸭猪的食物，而成了废弃物。牛马会破坏自然景观，不再养牛马，杂草不再是牛马的食物，而成了废弃物。在城镇人眼里，传统的干栏式建筑不防火、不卫生、不隔音，传统建筑成了落后的象征，于是迎合他们的需要，改建成了钢筋水泥结构的建筑，建造时开挖山体，改变了地表结构，造成潜在的风险；建造时产生大量难以处理的垃圾；厕所变成了卫生间，人的粪便不再是肥料，而成了废弃物。再加上从外面流入的各种塑料袋、饮料瓶，这样就会产生大量的难以处理的废弃物。

　　因此，水族地区的乡村振兴，不应该仅仅迎合城镇人的文化观念，而应该借鉴水族传统的经验，构建一个新的循环系统，在这个系统中，所有的物资都是资源，都能够再生，不再产生废弃物。

第二节　水族传统文化促进乡村振兴实践：经验与教训

一、荔波县玉屏街道水浦村乡村振兴实践

　　荔波县玉屏街道水浦村是中国共产党创始人之一、中共一大代表邓恩铭的故乡，是一个水族聚居的村寨。2013年，该村列入"中国传统村落名录"，并进入《全国红色旅游经典景区名录》；入选了贵州省"十县百乡千村"乡村振兴示范工程名单。水浦村的乡村振兴是紧接着"精准经济发展""四在农家·美丽乡村"之后实施的，是一个整体的战略，"精准经济发展""四在农家·美丽乡村"成为水浦村乡村振兴战略的一部分。水浦村的乡村振兴是从以下三方面着手的。

　　选准产业。水浦村大寨依托邓恩铭故乡这一红色资源的优势，选择文化旅游业为主导产业，将红色旅游资源、民族文化资源、生态资源、乡村资源、山地资源进行融合，发展红色旅游、生态旅游、休闲旅游、康养旅游。2017年，启动"恩铭故里·广州园"项目建设，打造了"荔波水浦里晓溪谷精品民宿"。该民宿依山而建，山上树木葱茏，山下竹林苍翠，近处鸟语花香，远眺梯田层层，水族农民生活场景点缀其间，亦真亦幻，犹如仙境。荔波水浦里晓溪谷精品民宿设在水浦大寨内，与村庄融为一体，由水族传统民居改建而成，建筑采用水族传统的干栏式建筑风格，以木材为主要建筑材料，上下两层，以乡村文化、水族文化图案做装饰，有的房顶用茅草覆盖，每个房间面积大约为30平方米，配以完善的生活设施和开放式网络,有客厅、书房。民宿还专设党员活动室,陈列书架,村里的党员平时可在此读书,给自己充电,或党员在一起协商村里的大事。民宿内设有茶吧,大家可以在此品茶。民宿外树林或竹林环绕,小路穿林而过,林间设有桌椅,可以在林间散步、聊天、娱乐。选拔村里优秀的水族青年,经过培训后聘为服务员,既为游客提供民宿所需要的专业性的服务,又可利用自身对民族传统文化和村里情况了解比较多的优势提供临时性导游服务,为游客讲解邓恩铭及其家庭的故事、水族传统文化、水浦寨的历史、地理、传说等。过去,游客只能参观邓恩铭故里,因担心住宿和安全问题,游客匆匆看一下就走了,水浦村留不住游客,旅游对当地经济的拉动作用也非常有限;民宿建成后,游客发现这里风景优美、民族文化浓郁,是一个休闲、养生、体验田园生活和民族传统文化的好地方,于是留下来慢慢品味。游客在村庄和田间漫步,瞥见树上新鲜的水果、望见田地里新鲜的蔬菜,渴望品尝一下纯天然的农家美食,回家时还要给亲戚、朋友捎带一些,带动了当地农产品的销售,增加了农民的收入。

创新"企农合作"模式。过去农户分散经营,散、乱、差,收益低,还不利于景区整体规划,为此,政府引导农户流转土地,农户自愿将土地和资金入股,旅游公司对村寨子整体进行打造,农田、池塘、果园、建筑统一规划,做到整洁、美观、可通达,农田成为景点,农民成为景点工艺师,农业融入旅游,丰富了旅游的内容,提升了旅游的品位。每年公司按股份给予农民分红,促进了农民增收。

大力进行基础设施建设。修复、修缮传统民居。对破损的传统民居进行修缮,恢复其功能;拆除与传统民居不协调的私搭乱建的建筑,改造部分不协调的建筑,恢复传统民居面貌;修复破旧的传统建筑,脱去旧妆换新颜。投资改造村寨消防设施,进行消防知识宣传。进行环境综合整治,清理村寨垃圾、牲畜家禽粪便、堆放的杂物;对村庄进行绿化、美化、亮化、净化;改厕、改圈、改厨、改垃圾处理;与农户签订"水浦村卫生门前三包责任书",要求农户认真履行门前"三包"责任制,即"包卫生、包绿化、包秩序",将责任书张贴于各家各户门前。

"水浦村卫生门前三包责任书"起着宣传和教化的功能,时刻告诉大家环境卫生是大家的事,需要每个人从自身做起,从而规范村民的行为,形塑村民卫生习惯。从治理手段看,主要是通过道德、舆论进行约束,从这方面来讲,有点类似于传统的"榔规"。

深厚的红色文化和民族文化、良好的生态、优美的风景吸引了大量游客前来体验。

二、水族传统文化促进乡村振兴的经验

水浦村乡村振兴是比较成功的,总结起来,水浦村乡村振兴的经验主要体现在以下几个方面。

（一）准确定位,合理规划

将水浦村打造为融乡村旅游、休闲、娱乐、观光场所为一体的精品美丽乡村,以发展乡村旅游为主导产业,产业定位准确。这种产业选择是基于对内部优势和劣势、外部的机会和威胁进行分析后做出的。深厚的红色文化、浓郁的水族风情、良好的生态、优美的风景是水浦村的优势所在,而且这些资源是水浦村独有的,不能移动、不可转让、与水浦村不可分离,具有核心竞争力的所有特征。村民受教育水平低,知识和经验不足,卫生意识较差,投资资金不足为水浦村的劣势所在。从外部环境看,随着人们收入水平的提高,越来越多的城里人渴望体验不一样的生活,文化旅游、乡村旅游方兴未艾;荔波小七孔景区游人如织,这为发展乡村旅游提供了难得的机遇;同时,越来越多实力雄厚的大公司开始涉足文化旅游、乡村旅游,乡村旅游市场竞争日益激烈。水浦村的优势是难以复制的,但劣势是可以弥补的,水浦村利用自身的优势抓住发展的机会,借助于广州的援助弥补自身资金的不足,利用广州先进的经营理念进行科学规划,弥补了自身视野和经营经验的不足。"恩铭故里·广州园"项目主要按照广州市委市政府的建设总体要求建设，规划建设游客接待中心、旅游商品展销中心、红色文化展示中心、民族技艺培训中心以及休闲景观小广场等。规划将旅游、农业、红色文化、民族文化相融合，规划合理。

（二）重视发挥群众的主体作用

水浦村在乡村振兴的实践中，重视发挥群众的主体作用。制定"水浦村门前三包责任书"，借助水族传统"榔规"的作用，重新形塑村民的卫生习惯，动员每位村民自觉搞好环境卫生，保护生态环境，保持村寨的整洁、卫生，实现"生态宜居"目标。招聘水族姑娘为员工，水族姑娘本身就是当地村寨的一个符号，能够突显水族的特色，增加了旅游业的吸引力；水族姑娘还可以为游客提供水族相关的地方性知识；水族热情好客，诚信守约的品质也正是旅游业所需要的。水族姑娘在工作中必然遇到游客接待、旅游管理、导游等方面的难题，这激发了她们学习这些知识的动力；为了使她们胜任这方面的工作，保证服务质量，提高游客的满意度，公司对她们进行培训，这无疑能够提升她们的知识和技能。在按照整体规划对水族传统建筑进行改造和亮化的过程中，也吸引了水族传统工艺和匠人参与。

（三）强化农村基层党组织的作用

选拔优秀的干部任水浦村第一书记，加强村党组织建设。第一书记加强了农村基层党组织建设，组织党员进行党性教育，推进"两学一做"学习教育常态化制度化，抓好"三会一课"制度，提升党员的觉悟和素质，激发党员的活力。这改变了该村党员以往散漫的工作作风，积极向群众宣传党关于经济发展和乡村振兴的有关方针、政策，遏制谣言传播，激发群众参与经济发展和乡村振兴事业的积极性和主动性。建立村干部值班制度，群众有事，及时帮助解决。选派干部到外地考察学习，提升了党员干部的素质，能够在经济发展和乡村振兴中发挥更大的作用。把群众当朋友和亲人,设身处地地为群众想办法,帮助群众解决实际困难,例如协助村民争取经济发展资金和其他专项资金,并帮助村民进行规划,用好和管好这些资金,使资金发挥更大的作用,实实在在改善民生,解决群众困难。在产业发展、环境综合整治和民居改善过程中,积极宣传有关政策和规划,打消群众的疑虑。切实为群众着想,让群众得到实实在在的实惠,群众对党干部非常信任,这增强了党员的影响力,能够动员和组织群众为实现乡村振兴而努力工作。

(四)合理开发和利用水族传统文化

调查发现,最打动游客的是富有地方特色的文化。水浦村作为一个水族村寨,水族传统文化无疑是吸引游客的最重要的方面之一。发展乡村旅游业,正是对水族资源的利用。在具体的建设中,不是一味地追求现代的建筑,而是注重保留水族传统建筑风格,在此基础上对与水族建筑不一致的地方进行改建、修缮,同时进行美化、亮化,让游客既能欣赏美景,又能感受水族传统建筑的魅力。即使是民宿,也不是新建的现代建筑,而是对传统民居进行改造,外部保留水族传统建筑的外观,并进行适当的点缀和装饰,更能体现水族传统建筑的风格。内部进行现代化的装修,满足游客对舒适、整洁、卫生的需求,同时用水族文化元素和乡村元素进行装饰和点缀,增加民族特色和乡土气息,满足游客对地方特色的追求。

(五)引进外来资本和智力

水浦村的发展得益于荔波县政府和广州市政府的大力支持和帮助。荔波县政府将水浦村纳入荔波县旅游发展整体规划,同时投入数百万资金用于基础设施建设、环境综合治理改造等;派遣优秀干部到水浦村任第一书记,发挥党组织的领导带头作用,协调规划和建设过程中的各种矛盾和利益纠纷等。广州政府投入一千多万元,根据市场的需求进行规划和建设。外来资金和智力的扶持,弥补了水浦村资金不足和村民文化素质不高的短板。

我国绝大部分农村面临着资金不足、村民受教育水平低、技术水平和管理经验匮乏等问题,仅仅依靠农村自我发展,不可能实现乡村振兴。为了促进乡村振兴的尽快实现,乡村应当引进外来的资本、经验、技术、管理和人才。对于外来资金,只有当投入该乡村获取的收益不低于投向其他地方的收益时,才可能投入该乡村的建设中。因此,乡村应当放弃一部分土地等资源的使用权,对其进行合理评估后投资入股,实现资源变资产,共享收益,这样才可能引进外来资本。

三、水族传统文化促进乡村振兴的教训

水浦村的乡村振兴工作从总体上来看是比较成功的,但也有很多不足的地方,在乡村振兴实践中,也应当从中吸取教训,以更好更快地促进乡村振兴。这些不足和教训具体表现为以下三点。

(一) 村民参与不足

水浦村虽然重视了村民的参与,但由于水浦村的乡村旅游刚刚起步,旅游设施还不够完善,没有收取门票,旅游项目少,获得收入的项目只有民宿,而民宿只能吸收少量的水族村民,其他的村民只能务农。由于农业的收入低,为了获得较高的收入,年轻人大多外出打工,留在村子里的只有老人、儿童,这就使得村寨失去了很多民族特色和生机,也使得村民丧失了很多发展的机会,还留下大量的留守儿童,导致乡村振兴的后劲不足。

乡村振兴是一个宏大的系统工程,涉及方方面面,一方面处理不好,就可能影响全局,制约乡村振兴的全面推进。乡村振兴既依赖于现代科技和管理,也要重视传统知识和文化,只有发动群众,依靠群众的力量和智慧,团结一致,才有可能促进乡村振兴。乡村振兴最终要促进村民的全面发展,没有村民的全面发展,乡村振兴难以持续。村民参与乡村振兴,能

够提供乡村振兴所必需的人力、物力、传统知识和智慧，促进现代技术和管理与传统知识和文化的融合；同时，乡村振兴实践必然提出一系列难题，需要村民通过不断学习来解决，也为村民学习提供途径和手段，即乡村振兴实践能够让村民"干中学"，在实践中不断成长，这反过来为乡村振兴奠定坚实的基础。因此，乡村振兴应当重视群众主体作用的发挥。

（二）旅游服务和商品不丰富

水浦村虽然风景优美、民族文化浓厚，但旅游商品和服务却比较单调，游客只能欣赏田园风光和感受水族文化。来体验田园生活的游客，大多是一个家庭带着孩子出游，儿童好动不好静，旅游商品和服务少，没有儿童玩乐的设施，儿童自然感受不到乐趣，他们的吵闹会降低其父母的满意度，自然不会在此多停留。有的游客只是匆匆看一下就离开了，有的虽然停留的时间长一些，但也仅仅是停留一晚，第二天就离开了。此外，当地还缺乏搬运行李的服务。游客携带了很多物品，尤其是全家出游的，携带了更多衣服等日常生活用品。从停车场到民宿，有很长一段路，游客不得不辛苦地将行李从停车场搬到民宿，返回的时候又得从民宿搬到车上。如果能够提供搬运行李的服务，不仅能够提高游客的满意度，而且能够为村民提供更多的工作岗位，增加村民的收入。旅游服务和商品少，降低了游客的满意度，也制约了旅游收入的增长。

因此，水浦村应当增加旅游服务设施和相关服务，从多层次满足游客的需求。例如，以邓恩铭和水族文化为素材，以舞台剧、动画、动漫等形式再现邓恩铭儿时在水族村寨的经历以及邓恩铭辉煌的历史功绩；或者以邓恩铭的英雄事迹为题材，打造一些儿童游戏项目；以水族传说故事、水族文化打造别具一格的水族晚会，以吸引游客停留，提高入住率；让游客参与水族刺绣、歌舞；让游客参与插秧、摸鱼等农业活动。通过这些方式，增加旅游商品或服务的内容，能够提高游客的满意度，同时也能够让更多的水族人参与进来，增加旅游的地方特色，也能增加人们的收入。

79

(三) 水族文化资源运用不足

水浦村在建筑文化开发中只利用建筑的外表，而对建筑的结构、各部分的功能、建造方式等方面并没有进行过多的关注，自然也不会进行有效的开发利用。水族的饮食文化、节庆文化、刺绣艺术、剪纸艺术、银饰文化、婚姻文化、传说故事等丰富的民族文化资源并没有得到充分的开发和利用。这一方面使得水浦村的乡村旅游过于单调，缺乏特色，另一方面也失去了更多利润的来源和村民参与旅游产业开发和建设的机会。

第三节 民族传统文化促进乡村振兴的路径

一、走以民族传统文化为核心的乡村振兴之路

产业兴旺要求走以民族传统文化为核心的乡村振兴之路。我国乡村千差万别，各具特色，不可能走同样的乡村振兴之路。如果按同样的路径实现乡村振兴，则全国各地的乡村就会完全同一，乡村产业也完全相同，产品和服务完全同质化，乡村产业之间的竞争就会日益激烈，利润极低，甚至亏损，这样就不可能实现乡村的产业兴旺；再者，在竞争中，有些乡村凭借天生的优势而获得成功，而另一些乡村由于没有利用自己的优势而使自身的劣势放大而失败，成功的乡村自然能够实现产业兴旺，但失败的乡村怎么办？走老路竞争能力只会越来越低，唯有改变乡村振兴的路径，找准自己的优势，通过差异化竞争才能立于不败之地，才能提供差异化的产品和服务，满足人们美好生活的需要。民族文化是民族地区的特色和优势，是重要的经济资源，不可复制、不可分割、不可转让，是民族地区的核心竞争力所在，也是民族地区永不过时的名片。所以，应当以民族传统文化为核心，统筹各种资源，打造具有民族传统文化特色的产业，向市场提供差异化的产品和服务。另外，利用传统知识生产的农产品才是纯绿色的，才是最受人们欢迎的。利用传统知识、采用传统生产方式生产农产品，能够有效减少农药和化肥的使用量，保证所生产的农产品是绿色、纯天然的；传统知识和传统生产方式对农产品的品质做了保证，有利于天然、健康食品品牌的打造，促进绿色、健康产业的发展。利用传统知识和生产方式生产农产品的过程，能够反映少数民族对于气候、自然地理、生态系统关系的认知，具有知识性、参与性、观赏性的特点，有助于发展体验式生态农业旅游，促进农旅融合，实现农业产业的兴旺发展。

生态宜居要求走以民族传统文化为核心的乡村振兴之路。各族人民在长期的生产和生活中，逐渐摸索出自然的规律，并发展出一套传统知识和文化系统来应对它，人与自然融为一体，和谐统一。如果不重视传统知识和传统文化的作用，仅仅依靠现代科技来进行乡村建设，就有可能造成严重的生态破坏，生态宜居就不可能实现。另外，不尊重传统知识和传统文化，就不可能得到当地村民的积极支持，甚至触犯村民禁忌，引起人们的反对，生态宜居更不可能实现。在乡村振兴的过程中，既要重视现代科技知识，又要吸收传统知识和传统文化，实现人与自然的和谐统一，这样才是生态宜居的理想状态，才能获得村民的认可、受到游客的欢迎。

乡风文明要求走以民族传统文化为核心的乡村振兴之路。"乡风"指乡村的风俗习惯。"文明"与"不文明"相对，不文明行为指人们由于公共道德缺失而做出的违背公序良俗的举止和动作，相对地，文明行为就要求人们遵守公共道德的约束，行为举止符合公序良俗的要求。民族乡村地区，各民族在长期的生产、生活中逐渐建立起一套本民族的道德体系，通过该道德体系规范和调整人们的行为，维持社会的正常秩序。例如，水族建立了一套以集体主义为核心的道德体系。当个人利益与集体利益发生矛盾时，个人利益要服从集体利益；当本村寨与其他村寨发生矛盾时，每个人都会放弃个人之间的矛盾和纠纷，团结起来，作为一个整体来维护村寨的利益。乡村振兴过程中，如果完全抛弃民族的道德体系，新的道德体系还未完全建立起来,那么,人们的行为没有道德的约束和调整,社会失范,越轨甚至犯罪行为就会发生,就不可能做到乡风文明。经济基础决定上层建筑,少数民族的道德体系建立在原来的经济基础之上,乡村振兴改变了原来的经济基础,原来的道德体系就与现在的经济基础不相一致。例如,散养鸡鸭,按传统道德是文明的,因为在物资稀缺的时代,物资浪费是可耻的,而散养鸡鸭能够充分利用散落的谷粒、米粒,还可以吃掉房前屋后的害虫;但在乡村振兴条件下是不文明的,因为散养的鸡鸭到处拉粪便,影响他人的利益,是一种损人利己的行为。这就需要改变原来的道德体系,建立起与经济基础相适应的社会主义道德体系。但是这并不意味着完全抛弃传统的道德体系,因为传统的道德体系是在长期的实践过程中逐渐形成的,如果抛弃了,就意味着抛弃了建立社会主义道德体系的基础,就需要重新建立一个基础,但这往往是很难做到的。少数民族的道德体系与社会主义道德体系在很多方面是相通的,例如,水族道德体系中的集体主义与社会主义的道德体系中的集体主义就很相似。不同的是,水族道德体系中的"集体"仅限于村寨内部或本民族内部,如果把"集体"放大,变成社会主义所要求的"集体",甚至扩大为"国家"的概念,那么在这方面水族道德与社会主义道德就不再冲突。因此,乡村振兴中,可以在少数民族传统道德的基础上,通过改变、增添、删减等方式,删除不合时宜的旧道德,注入社会主义新道德,使少数民族道德体系与社会主义道德体系逐渐融合,既能减轻对社会的冲击,又能使社会主义道德体系尽快建立起来。有了新型道德的规范和约束,乡风文明就能随之实现。

治理有效要求走以民族传统文化为核心的乡村振兴之路。党的十九大报告提出"加强农村基层基础工作,健全自治、法治、德治相结合的乡村治理体系"的乡村振兴的要求。我国是法治国家,乡村振兴要求依法治理,这就需要有相应的组织宣传法律知识,做好法律咨询工作。这种工作当然可以通过建立新的乡村法律组织来解决,但这样做不仅耗时费力,而且新组织难以取得村民的信任。这是因为法律的话语体系与村民的话语体系并不一致，村民不容易理解所宣传的法律条文和术语；村民不熟悉新组织的成员，缺乏亲切感和安全感，村民难免对他们抱有一定的戒心；新组织有自己的一套制度和程序，村民不熟悉该制度和程序，咨询法律问题时感到困难。因此，建立乡村新的法律组织还是不够的，新组织容易与村民产生隔阂，村民会敬而远之，并不能完全发挥法律宣传和咨询的作用。少数民族乡村都有自己传统的乡村自治组织，例如水族的"议榔"组织、瑶族的寨老组织、京族的"翁村"组织等，其组织成员都由村中办事公道、见多识广的村民组成，对内制定、宣传和执行习惯法，通过村民集体参与来管理村寨内部事务，对外配合官府处理相关事务。这类组织本身就是乡村自治组织，具有广泛的代表性和权威性，依靠习惯法和道德舆论进行治理。通过此类组织进行法制宣传和咨询具有天然的优势：一是用本地的话语体系解释枯燥的法律条文和术语，村民更易于理解；二是该组织的成员都是本村的成员，具有天生的亲切感，更易于宣传和解释法律条款；三是该组织在村民中有较高的权威性，在村民看来，其宣传的法律、法规更为可信。所以，依靠少数民族传统的自治组织，可以更有效地将法治、自治、德治结合起来，实现乡村的有效治理，而且建设和维持费用较低。乡村振兴必然会吸引众多的外地人和组织进入乡村，根据乡村振兴实践的情况，应及时吸收企业、商户等代表参与，使其具有广泛的代表性。为实现乡村振兴，政府必然会出台各种政策、规划、措施等，过去由于没有重视这类组织在宣传上的参与，村民没有渠道获取相关信息，也无法集体讨论有关村寨发展的大事，只能道听途说，谣言四起，摩擦不断，导致政府的相关政策难以顺利实施，有时甚至出现政府忙着乡村振兴，而群众则作壁上观的景象。因此，乡村治理时应重视该类组织，其广泛的代表性和权威性可以保证信息传递的真实性，最大限度减轻信息不对称，消除谣言产生的根基，能够把政府相关政策、措施等真实快速地传递给群众，减少摩擦。利用该组织强大的动员能力，发动群众积极参与乡村振兴的各项具体实践之中，能够更快地实现乡村振兴的目标。

生活富裕要求走以民族传统文化为核心的乡村振兴之路。生活富裕既是一个纵向概念，又是一个横向概念。从纵向看，即以现在的收入与过去比，如果收入比过去少，生活水平比过去低，那就不能称为富裕。从横向看，村民的收入与城镇比，虽然从纵向看收入增长了，但与城镇相比，收入差距拉大了，这也不能称为富裕。例如，现在农民的收入相比过去有了很大的提高，但由于城乡收入差距拉大，所以不能称现在农民生活富裕。当然，乡村内部如果收入差距过大，也不能称为生活富裕。生活富裕是一个相对概念，只有当现在的收入比过去高，而且城乡收入差距缩小，同时满足这两条才能称为生活富裕。相对于其他地方，民族乡村地区资本、技术、管理、人力资源等方面都不占优势，如果走与其他地方相同的道路，只会被其他地方越甩越远，民族乡村不可能实现生活富裕。民族乡村地区有丰富的民族文化资源，这是民族乡村地区的优势所在，只有充分利用民族传统文化，发展文化产业、文旅融合、农旅融合，实现差异化发展，才有可能走出一条具有民族特色的乡村振兴之路，不断提高人们的收入水平。民族传统文化为民族乡村所共有的资源，产权归民族，民族乡村地区能够以文化资源入股，与其他投资者合伙开发，既能充分体现其他投资者的资本、技术、管理等优势，又能分享投资开发的成果，实现共同富裕。否则，投资者开发了本地资源，而村民又不能占有股份，没有权利分享成果，成果被投资者拿走，留下一地鸡毛，人们就不能实现生活富裕。每个村民都掌握一些民族文化资源，有的掌握刺绣技艺，有的掌握银饰铸造技艺，有的掌握民族歌舞文化，每个人都可以凭借自己所拥有的民族文化资源参与乡村振兴实践，既能通过自己的劳动增加收入，还能在实践中不断学习，促进人力资本的提高。民族文化包含消除贫富差距过大的内容。例如，民族都有讽刺富人见利忘义的传说故事。民族文化也有互惠的传统，例如建房时大家都去帮忙，根据自己的技能自动分工。有的上山砍树，以备木料；有的挖山，平整地基；有的加工木材，以备搭建。京族还有"寄赖"的习俗，即捕鱼归来，任何人都可以去拿一些海鲜，主人不但不反对，还很欢迎，认为这样能够给他们带来好运气。民族乡村虽然有寨老等组织，但其成员与其他人地位是相同的，也要参加劳动，在村寨中，每人占有的生产资料大致相同。所以，民族传统文化中都有平均主义的思想，能够有效抑制贫富差距过大的倾向，这可以推动民族在乡村振兴中实现共同富裕。

二、村寨公司化

村寨公司化是指把村寨作为一个企业进行统一经营，村民既是公司员工，又是公司股东。之所以要村寨公司化，主要有以下原因。

一是村寨整体规划的需要。现在民族地区的农业之所以落后，就是因为现在的农业以家庭为单位分散经营，有的种稻谷，有的种玉米，有的种辣椒，不能形成产业，而且水利设施、道路等基础设施杂乱无章。由前述分析，只有进行文旅融合、农旅融合，发展文化产业才有可能实现民族地区的产业兴旺。农旅融合，要求把第一产业的农业转化为第三产业的旅游业来经营，农田成为景观，道路、池塘、水渠等也成为旅游景观的一部分，这就需要对整个村寨进行统一整体规划，以决定哪个地方该种什么，池塘应该是什么样的形状，池塘里种什么，池塘、水渠的形状和走向如何。如果还采取现在这种分散经营，就需要对众多的农户进行协调和监督，交易成本高昂。如果村寨公司化，每个农户都把自己所拥有的农田、水利设施等变成股份入股，由公司统一运作，就能大大减少交易成本和监督成本，提高经营的效率。文旅融合也同样需要整合村寨的各种资产，对村寨的建筑、文化设施、道路、桥梁等进行统一规划。如果资产还属于村民，则乱搭、乱建、乱倒垃圾、乱排污水等现象就难以制止，景观就难以存在。如果把村寨的各种资产折算成股份入股，村寨作为一个公司有权统一规划经营，就能提高经营的效率，增加利润，村民也可凭借股份分享公司经营的收益。

二是融资的需要。一家一户经营，资产少，风险大，还需要对每个农户的信用状况进行评估，成本太高，收益不能抵偿成本，银行不愿意向农户贷款，这就制约了乡村产业的发展。如果村寨公司化，村寨作为一家公司，其信用状况较易评估；公司有资产和产业的经营收益作为贷款的担保，风险较低；银行只需要与公司进行交易，而无须与每一户交易，交易成本较低。这就使得银行向公司发放贷款能够获取正常利润，银行就会向公司发放贷款。因此，村寨公司化容易获得银行贷款，增加产业发展资金，有利于促进乡村振兴。

三是打造品牌的需要。产业发展，自然要打造自有品牌，但打造品牌需要消耗大量的成本，单个农户根本无力负担，所以现在农户分散经营，无法形成品牌，制约了乡村经济的发展。如果村寨公司化，打造的品牌由整个村寨分担，每个农户分担的成本就很少，有助于打造品牌。另外，品牌的信誉由实力来决定，村寨整体作为一家公司，其实力较为雄厚，品牌容易取得消费者的认可。例如，同样的食物，如果由各农户分散经营，其安全性、质量、口味等就难以保证。如果村寨作为一个整体来经营，公司的信誉对食品进行了担保，食品质量等就容易获得消费者的认可，消费者可以放心地进行消费。

四是避免恶性竞争的需要。如果由各农户分散经营，由于农户的经营管理水平普遍较低，农户就会在低水平上进行残酷的竞争，有的甚至会采取低质低价策略来促进销售，这就损害了村寨的形象，而且利润微薄。如果村寨公司化，公司作为一个整体对产业进行规划，形成各种产品和价格的组合，消费者就有更多的选择，既提高了消费者的满意度，又避免了过度竞争，增加了经营收益。

五是分工的需要。农户分散经营，只在家庭内部进行分工，分工不细致，常常导致一个人要做所有的工种，降低了生产的效率。村寨公司化，村民成为员工，公司就可以根据每个员工的特长进行合理分工，每个人专门负责自己最擅长的工作，这无疑降低了学习成本，提高了员工的熟练程度，经营效率自然提升。

六是吸引外来投资的需要。农户分散经营,投资者就需要与很多农户进行谈判和交易,交易成本很高,往往吓走了外来投资者。村寨公司化,外来投资者只需要与公司谈判和交易,大大减少了交易成本,降低了投资的风险,有利于吸引外来投资。

七是引进技术和人才的需要。乡村振兴需要人才,但农户分散经营,收益低,不能支付人才的报酬,农户不愿意引进人才;收入没保障,人才也不愿意来,这限制了农村的发展。村寨公司化,公司收入高,能够支付得起人才的工资;人才对公司发展的作用大,公司也需要各方面的人才;公司引进和使用人才都有专门的制度,收入、福利的保障能够吸引人才注意,这就能够引进和稳定所需要的人才,促进村寨的发展。

三、加强党组织建设,发挥党组织的领导和动员作用

乡村振兴要求不断加强乡村党组织的建设,增加党组织的凝聚力,发挥党的领导作用,加快乡村振兴的实现。具体而言,党组织在乡村振兴中可以发挥以下作用。

保证乡村振兴的正确方向。乡村振兴首先要保证正确的方向,如果方向错误,乡村振兴的道路就会越走越偏,不仅无法实现乡村振兴,而且还有可能导致乡村破坏。乡村振兴的目的,一是发展农村的经济,增加人们的收入,同时扩大农村的消费市场,促进城镇工业的发展;二是生产优质的农产品,提供城镇向往的乡村旅游服务,丰富城镇居民的生活。最终目的是为全体人民提供更丰富、更优质的产品,缩小城乡差距,实现共同富裕。中国共产党的初心是为中国人民谋幸福,为中华民族谋复兴,党始终把人民的利益、国家的利益、民族的利益放在第一位,在乡村振兴的实践中加强党的领导,就可以防止损害人民利益、国家利益和民族利益的事情发生,使乡村振兴始终沿着正确的方向实施,最终实现乡村振兴的目标。

攻坚克难。乡村振兴意味着乡村各个方面的变革:从建立在落后技术基础上的第一产业向建立在先进技术基础上的第三产业转变,从自给自足

的经济向市场经济转变，从农户分散经营向公司统一经营转变，从传统农民向职业农民转变。与此相对应，涉及土地流转，乡村资源的价值确定与产权安排，民族文化保护和传承，资本、技术、管理、人才的引进，等等。一系列的变革必然为乡村振兴带来诸多困难和风险，如果没有坚强的组织领导，乡村振兴就难以实现。中国共产党在革命和建设中走群众路线，全心全意为人民服务，赢得了人民的信任；中国共产党拥有超强的组织和动员能力，能够组织和动员人民群众攻坚克难，能够更好更快地实现乡村振兴。

解放和发展农村生产力。发展才是硬道理，没有发展，就不可能实现乡村振兴，而只有解放和发展生产力才能实现发展，所以乡村振兴意味着要扫除一切制约乡村生产力发展的桎梏，解放和发展农村生产力。中国共产党奋斗的历史实际上就是解放和发展生产力的历史，中国共产党代表了先进生产力的发展要求。在乡村振兴中加强党的领导，就能不断发现制约农村生产力发展的桎梏，敢于面对困难，有能力有办法扫除一切不适应生产力发展的因素，不断促进农村生产力的发展，尽快实现乡村振兴。

实现新型治理。乡村振兴要求对乡村实施一系列变革，相应地，乡村治理体系也应该进行一系列变革。如今，有知识、有能力的年轻人大多外出打工，乡村治理面临严重的困难。目前，有些乡村仍然采取传统的行政化、命令式的工作方式，不能为乡村振兴提供必要的服务，也不能动员和发动群众参与到乡村振兴的伟大事业中去。这就要求在乡村振兴中加强党组织建设，加强党的领导作用，构建适应乡村振兴需要的新型治理体系，为乡村振兴提供各种服务。

第四节 民族旅游产业发展研究

民族旅游产业链长，能够带动文化产业、农业产业等相关产业的发展,而且对资源的依赖性小,对环境的负面性影响较小,因此,民族旅游产业的发展对于民族地区的乡村振兴有重要的推动作用。2022年1月,国务院出台《关于支持贵州在新时代西部大开发上闯新路的意见》(国发〔2022〕2号),提出"促进文化产业和旅游产业繁荣发展"。这为民族旅游产业的发展提供了新的机遇。贵州省文化和旅游厅印发了《贵州省"十四五"文化和旅游发展规划》,提出到2035年,初步建成多彩贵州民族特色文化强省和旅游强省。这意味着民族旅游产业将迎来新的发展。黔南州作为民族自治州,民族文化资源丰富,黔南州如何抓住国家和省的政策机遇,大力发展民族旅游产业,推动经济增长再上一个台阶,这是目前面临的一个重要难题。为此,笔者通过参与观察和深度访谈的方法,了解黔南民族旅游产业发展的现状,在此基础上分析黔南民族旅游产业发展存在的问题,最后结合黔南州的现实提出黔南民族旅游发展的对策。

一、黔南州民族旅游业发展现状

(一)黔南州民族旅游资源丰富

黔南布依族苗族自治州内居住有汉、布依、苗、水、毛南、瑶等43个民族,少数民族人口占59.05%,民族旅游资源丰富。有9个村寨入选第一批中国少数民族特色村寨名录,有11个村寨入选第二批中国少数民族特色村寨名录,2022年拟推荐黔南州18个村寨列入第三批中国少数民族特色村寨名录。黔南州有剪纸、水族马尾绣等入选国家级非物质文化遗产代表性项目名录15项,省级非物质文化遗产名录93项。有30个村寨入选贵州省第一批少数民族特色村寨,有39个村寨入选贵州省第二批少数民族特色村寨,有34个村寨入选贵州省第三批少数民族特色村寨,有54个村寨入选贵州省第四批少数民族特色村寨,有96个村入选第五批贵州省少数民族特色村寨名单。黔南州荔波县瑶山瑶族乡瑶山村、三都水族自治县普安镇高硐村、平塘县掌布镇掌布村3个村入选2022年贵州省乡村旅游与传统村落和少数民族特色村寨深度融合发展示范点名单。黔南州民族旅游资源丰富，发展民族旅游产业的潜力很大。

（二）黔南州民族旅游快速发展

黔南州旅游业发展迅速。2016年，旅游总收入603亿元。2017年，旅游总收入实现862.35亿元，同比增长43%。2018年，全年接待国内过夜游客753万人次，同比增长14%，入境过夜游客1.47万人次，同比增长37.9%。2019年全州国内过夜游客904.24万人次，同比增长20.07%，入境过夜游客2.47万人次，同比增长67.92%。① 2020年，全年全州国内过夜游客876.91万人次，同比下降3.0%，入境过夜游客3007人次，同比下降87.8%，但仍然实现旅游收入768.54亿元。② 2021年黔南州国内过夜游客945.37万人次，比上年增长7.8%，入境过夜游客3521人次，比上年增长17.1%。总体来看，黔南州旅游业保持快速发展的势头。

三都县旅游业保持较快的发展势头。2017年住宿业完成13476万元，同比增长12.2%；餐饮业完成29920万元，同比增长16.5%。全年旅游总收入完成56.71亿元，同比增长43.8%。2018年，住宿业完成15335万元，同比增长13.8%；餐饮业完成34947万元，同比增长16.8%；全年接待旅游总人数861.01万人次，同比增长38.84%；实现旅游总收入73.73亿元，同比增长30%。2019年住宿业营业额完成23679万元，餐饮业营业额完成60882万元。全年过夜游客人数32.88万人次。2020年，住宿业营业额比上年下降10.9%，餐饮业营业额比上年下降20.2%。2020年，全年过夜游客人数26.25万人次。2021年，住宿业营业额比上年增长21.7%，餐饮业营业额比上年增长23.8%。2021年，全年过夜游客人数29.19万

---

① 2018年及之前的数据来源于下一年《黔南布依族苗族自治州人民政府工作报告》，2019年及之后的数据来源于当年《黔南州国民经济和社会发展统计公报》。

② 2020年的旅游收入数据根据《市县经济动态第4期2020年全省县域经济发展统计监测报告》中汇总得到。

人次。

（三）黔南州民族旅游产业发展与黔东南相比逐渐落后

虽然黔南州旅游业发展较快，但相对来说还比较落后。为了便于比较，选择距离较近，各方面比较相似的黔东南州进行比较。2016年和2017年，黔南州旅游总收入都高于黔东南（2016年，黔南603亿元，黔东南553.68亿元；2017年，黔南862.35亿元，黔东南777.75亿元）。但2018年之后，从年接待游客数看，黔南州开始落后于黔东南。[①]

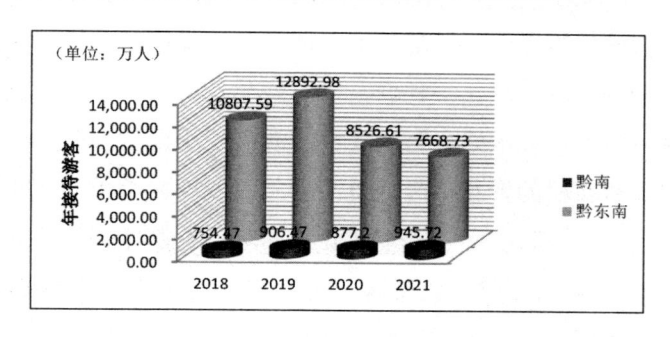

图3-4　黔南州与黔东南州历年接待游客数比较

从年接待游客数来看，黔南州旅游发展远远落后于黔东南。

二、黔南州民族旅游产业发展问题

黔南州民族旅游产业取得了较快的发展，但从总体来看，民族旅游产业还处于较低的层次，与民族旅游产业发展比较好的地区相比，黔南州民族旅游产业发展还有不小的差距。调研发现，黔南州民族旅游产业发展存

---

① 2016年和2017年，只有政府工作报告中有黔南州旅游收入的数据，没有接待游客的数据。其他年份，能查到的黔南州旅游数据是年接待游客数据，故2018年及之后用年接待游客数据进行比较，数据来源于各自年份的《国民经济和社会发展统计公报》。

在的主要问题如下。

(一) 旅游市场主体不强

黔南州的旅游企业规模普遍比较小，名气不大，规模较大的旅游企业和知名度较高的旅游企业都比较少。旅游企业是旅游产业发展的基础，旅游企业不强意味着对民族文化资源的能力开发比较弱；不能对民族文化资源进行有效开发，导致大量的民族旅游资源闲置，所以黔南州现在还存在一些闲置低效的旅游景区。黔南州缺乏旅游企业发展壮大的土壤，是民族旅游企业不强的根本原因。一是劳动力缺乏。民族旅游是季节性的，淡季时旅游产品和服务少，缺乏盈利点，即使是节日期间，也难以获得旅游收入；民族乡村虽然山好水好，但民族乡村缺乏娱乐设施和服务，让人孤单寂寞。所以民族乡村的青壮年劳动力大量外流，即使给予同等工资，也难以吸引年轻人留在乡村。一位企业主说："年轻人在这里待不住，在城里年轻人可以在一起唱唱歌、跳跳舞、上上网，这边农村里什么都没有。"留在村寨的以老弱病残为主，他们受教育程度较低，出门较少，缺乏民族旅游商品及服务的打造、旅游服务推广、游客接待的意识和能力，因为文化程度低，即使进行培训，村民也难以掌握旅游相关的知识和技能。招不到合适的劳动力，让旅游企业经营困难。二是习俗的因素。民族地区将婚丧嫁娶视为头等大事，谁家有事，大家都要放下所有事情，前去帮忙。所以当某家有事的时候，在企业务工的村民常常不辞而别，严重影响企业的正常的经营活动。一位企业主说："我们这有一位工人，才干三天找不到人了，我们很担心，派人到处打听，原来去喝酒了。"村民还有一种思维，认为资源是他们的，企业来投资就是利用他们的资源把钱赚走了，对企业持不合作的态度。因为不适应这种习俗，很多旅游企业不敢来投资。

(二) 旅游产品和服务开发层次低

黔南州旅游产品和服务普遍层次较低，同质化严重，品牌不响亮，游客很难找到满足自己需求的产品和服务。其原因主要有以下三方面。

一是将民族文化、文化资源和文化商品混为一谈。误认为游客就是来看民族传统文化的，于是力图把民族传统文化原原本本地展示给游客看，但游客并不喜欢。例如，水族端节期间，游客关注的是赛马这种热闹而具有观赏性的活动，而对于端节的核心——祭祖祈福则关注不多。实际上，旅游是一种经济活动，游客需要的是旅游商品和服务，是用从民族传统文化中提取的资源，针对顾客需求加工创造而成的一种文化商品。民族传统文化就像矿井，文化资源就是从中提取出来的，但文化资源不是文化商品，并不能够满足游客的需求，必须针对游客的需求，有意识地进行加工创造，才能吸引游客。民族文化资源就像原石，暗淡无光，并不能引起人们的注意，而精心雕琢之后，才成为璀璨夺目的"和氏璧"。例如，鱼包韭菜是水族的特色饮食，端节期间，水族人家普遍以鱼包韭菜招待亲朋好友，游客出于好奇会品尝一下。但游客有自己的饮食习惯和卫生观念，与水族人完全不同，水族人认为干净卫生具有保健功效，但游客可能认为是不卫生、不健康的，不会大量消费。再如，水族有传统的水酒，是用糯米和几十种中药酿造的，很适合水族人的身体，但对外来游客并不一定适合，游客的体验感可能会很差。这也是因为水族水酒只是一种文化资源，并没有根据市场需求开发成文化商品。马尾绣也是一个典型的例子，水族马尾绣虽然很出名，但游客只是好奇而体验一下，并不会为一时的体验而购买。水族服饰以粗布为原料，再绣上马尾绣的各种图案，厚重，结实。卯节正值炎炎夏季（2022年九阡水各大寨卯节7月1日开始，荔波水庆卯节7月13日开始），在火辣辣的太阳下穿着厚实的水族服饰，对身体和心理都是种考验，对游客而言并不是一种很好的体验。

二是民族文化流失严重，传统技艺面临失传。许多年轻人对民族传统文化不感兴趣，家长为不耽误孩子学习，反对孩子学习民族传统文化，所以很多年轻人对民族传统文化了解不多，一些民族传统文化资源因此而流失了。例如，年轻人对马尾绣不感兴趣，很少有年轻人学习马尾绣技艺，马尾绣传统技艺失去传承,艺术创新失去人才,优秀的技艺没有传承下来而流失,又没有进行反映时代要求的创新,马尾绣的图案创意、针法逐渐走向平庸,难以吸引游客注意。水族古老的文字——水书,现在只有很少的人认识和书写。水族的传说、故事、神话也很少有人知道。水族传统美食——鱼包韭菜,据说是用九种蔬菜和鱼一起做的,现在的九种蔬菜已经失传,只好用韭菜来代替。端节期间,一位游客询问水族铜鼓的来源和相关的文化,但没人能够回答上来。游客参与水族节日,除了吃饭、喝酒,几乎没什么可体验的项目了。有些游客想体验民族传统文化,但由于文化流失严重,让这部分游客失望。

三是缺乏人才,创新不足。要吸引游客,首先要采取科学的方法,及时准确地把握游客需求,然后根据游客需求及时开发旅游商品和服务,这就需要专门的需求调查和开发设计人才。但民族乡村生活条件差、收入待遇低,难以吸引专业的人才。即使是企业培训的人才,学成之后也会流失,这让企业也不愿意培训。因此,黔南州旅游人才非常缺乏,导致旅游企业不能及时准确地掌握游客需求,也不能根据市场需求的变化,及时开发相应的旅游产品和服务,从而使黔南州的旅游产品和服务处于未开发或半开发状态,开发层次低,民族文化资源处于闲置状态。

(三)旅游基础设施相对滞后

相比旅游产业发展比较好的地方,黔南州旅游基础设施相对滞后。

首先是交通设施落后。民族旅游产业多位于乡村,近年来乡村的交通条件虽然明显改变,但远远满足不了旅游产业发展的需要。端节期间,三洞乡道路严重拥堵,车辆只能缓缓前行。没有专门的停车场,难以找到停车的地方,只能见缝插针。卯节期间,游客反映九阡镇交通严重拥堵,有的甚至被堵在路上几个小时。而且当地没有开辟专门通往民族核心区的公共交通,一些散客也不知道如何过去。游客本来是冲着休闲娱乐去的,却被堵在路上,严重影响了游客的体验。

其次是接待设施落后。游客来源广泛，需求多种多样，对接待设施有不同层次的需求。有喜欢高档的，只要服务到位，价钱不是问题。有的收入较低，以省钱为主，对服务的要求不高。因此，民族旅游应该深入分析游客的需求和偏好，针对每类游客的需求提供相应的接待设施和服务。但黔南州民族旅游接待设施十分有限，有的甚至没有什么接待设施。水族端节、卯节期间，很多游客想去体验，但由于没有接待游客的公司，有的游客被迫放弃了这个打算，有的游客只好通过亲朋好友的介绍，前往农户家中体验民族节日。笔者就是通过熟人介绍参与体验和调查的，同桌一起就餐的有北京、上海等地游客，都是通过熟人介绍去参与体验的。接待能力的不足，严重限制了民族旅游产业的发展。因为游客稀少，大规模投资不划算，只能少量投资，轻资产经营，导致接待能力严重不足，这反过来又限制了游客的数量。一名村干部说："投资多了也不行，我们这边游客少，春节、端节、吃新节等节日时游客才多一些，其他时候人很少，像夏季，基本上没游客。我们也不敢做推广活动，上次做了一次，结果来了很多人，接待不了，游客只能返回，感觉很对不起游客。"另一方面，山地地形也限制了景区的接待能力。"我们这边到处是山，田地都在山上，很难找到大一点的平地。"人手不足也是制约接待能力的重要因素。民族旅游仅仅集中于节日，难以持续地获得旅游收入，所以年轻人基本上都外出务工了，留在家乡的都是老人、儿童和残疾人，接待缺少人手。

三、对策建议

（一）优化营商环境，培育市场主体

营造重商崇商的环境。在投资目的地选择时，企业并不能获得完全的信息，它们总是根据一些信号来判断是否适合投资。因此，为了吸引企业前来投资，需要向企业发送一个信号。重商崇商的环境就是一个重要的信号，当企业感受当地对企业非常重视，对投资非常欢迎的时候，它据此判断在该地投资会减少很多麻烦事,投资的不确定性也会减小,它就会投资。这样就会吸引各地资金投向该地,何愁民族旅游产业发展不起来呢?就像燕昭王重金买死去的千里马,向天下人发送了燕王重视人才的信号,从而吸引天下人才聚集,从此燕国从弱走强。因此,要优化营商环境,向企业发送本地适合投资的信号。为此,一是简化企业审批等各方面的手续。重新审视企业审批等方面的流程,能够合并的合并,能够简化的简化,提高相关部门的效率,为企业提供各种方便,降低企业的成本和风险。二是承诺的事项一定要及时兑现。招商引资的时候承诺的事项,要及时足额兑现,如果有困难的,也要及时向企业解释、说明,并提供解决方案,让企业谅解。三是为企业减负。不让企业承担过多的责任和义务,尽量少干预企业的正常生产经营活动,让企业自主经营,自主决策。四是帮助企业解决面临的困难。企业经营的过程中难免遇到各种各样的困难,企业由于自身的局限,有时难以自己解决,尤其是初创企业,"万事开头难"。这时,政府相关部门可以利用自己的优势,帮助企业及时排忧解难,如帮助企业做好土地流转、村民动员工作,完善道路、水、电等基础设施建设,帮助企业发布招工信息,等等。利用政府的优势,帮助企业培养一批具有产业技能和产业纪律的劳动力队伍。五是保证政策的连续性。承诺的事项以文件等形式确定下来,使其具有一定的法律效力,让承诺的事项不会因为主管领导职位的变化而变化,减少政策的不稳定性,让企业有明确的预期,降低经营过程中的政策风险。

(二)根据游客需要开发民族文化旅游商品和服务

调研游客需求,开发民族旅游商品和服务。改变"民族旅游就是把民族文化资源直接展示给游客看"的观念,树立旅游经济的思想,即向游客提供的是旅游商品,游客是否接受,取决于旅游商品给游客所带来的边际效用,边际效用越大,游客愿意支付的价格就越高,自然就能吸引游客前来参与体验,旅游收入就越多,也就能有更多的资金投入游客接待设施,改善旅游基础设施。因此，应该对游客的需求进行调研和分析，推出游客所需要的民族旅游商品。

体验民族服饰是很多游客体验民族旅游的动机之一，尤其是女性游客。当然，游客所体验的不是原汁原味、一成不变的传统服饰，游客所希望体验的是既具有民族特色，又符合时尚潮流，穿在身上既具有异域风情，又能够突出自己的婀娜身姿的服饰。现在朋友圈和短视频的流行，又进一步放大了游客的这种需求，游客穿着具有民族特色的服饰，在具有民族特色的建筑之间穿梭，更加美丽动人；游客将此类照片或短视频分享到朋友圈和抖音等，往往引来更多点赞和关注，无形中又进一步提升了游客的满意度。在西江千户苗寨，很多美女游客租用苗族服饰，请专业的摄影师在街头拍摄，而这反过来成为景区的又一风景。因此，可以根据游客的这一需求，从材料、款式、制作等方面入手，将民族特色和时尚潮流相结合，打造符合游客需要的特色服饰。

游客停留的时间越长，无疑旅游收入就越多，但是，要留住游客，就要给游客一个留下来的理由。这就需要分析游客需要什么，结合本地资源，打造游客喜欢的商品或服务。西江千户苗寨，晚上游人如织，游客在晚上纷纷涌向山顶观看苗寨壮观的夜景，有的游客乘机以此为背景拍摄美照和短视频。而这夜景，并不是自然形成的，而是景区为吸引游客而特意打造的，在山上悬挂数不清的灯泡，晚上，无数灯光闪烁，在青山的衬托下，宛如一位婀娜多姿的少女在翩翩起舞。广西龙脊梯田则是另外一种做法，白天游客在梯田之间穿梭，欣赏梯田美景，拍摄美照，这就需要不停地上山下山；游乐完毕，天也不早了，游客也累了，游客正好需要找个地方休息一下，于是在当地留宿，趁机品尝当地民族特色饮食。因此，黔南各民族村寨，可以结合本地资源，打造具有当地民族特色的可以在晚上提供的旅游商品和服务，将游客留下来，既能提升游客的体验，又能增加收入。

以民族文化的象征价值来打造旅游商品和服务。少数民族文化包含丰富的象征符号，这种象征符号向人们传递了一种美好的祝愿，具有很重要的开发价值。例如，水族婴儿背带，用九片马尾绣绣片拼成一个蝴蝶图案，意味着蝴蝶妈妈为婴儿遮挡九阳；水族婴儿背带是外婆送给外孙的，是婴儿的护身符，寄托着外婆对外孙的美好祝愿，希望外孙健康成长。而这样的价值，是不能用金钱来衡量的。现在人们对儿童越来越重视，都希望孩子能够健康成长，如果将马尾绣蝴蝶图案融入儿童服饰、儿童玩具等产品，这种产品便多了一层儿童护身符的含义，自然能够引起游客的注意。如果买来作为礼品送人，就等于送给对方孩子一个护身符，即使对方并不一定认同护身符的功效，但所包含的祝福含义也会让人感激。再如，水族特色食品鱼包韭菜，如果仅仅作为一种食品，并不会引起游客的过多关注。但如果让游客理解鱼包韭菜所包含的象征含义，游客就会高看一眼。水族是因为瘟疫而迁徙，在迁徙中用九种蔬菜和鱼虾做成的食品而摆脱瘟疫，鱼包韭菜因此具有祝福健康的含义。今天，如果重新恢复九种蔬菜和鱼虾，开发游客所需要的新型鱼包韭菜，用此招待游客，必然会让游客心生感激。另外，景区名称也应该具有象征含义，给游客足够的想象空间。例如，不到长城非好汉，不到黄河不死心，从而吸引游客前去旅游。丽江古城包含凄美的爱情故事，吸引无数人前往，希望开启浪漫的邂逅。

  保护和传承优秀民族传统文化。民族乡村蕴含民族文化资源，是民族旅游发展基础。因此，要注意优秀民族传统文化的保护和传承。首先要对民族传统文化进行调查和整理，然后向村民解释优秀民族传统文化的价值，让他们自觉保护和传承。很多民族村寨有青山，有溪流，在城镇附近，交通发达，各项基础设施条件很好，但他们认为已经汉化了，对本民族的文化已经了解不多，不能再发展民族旅游了。实际上，可以学习、借鉴其他地方的本民族文化，结合本地资源进行再创造，形成具有本地特色的民族旅游产品和服务，发展民族旅游或许更有优势。

  设立民族旅游创新创业大赛，吸引大学生积极参与。年轻人外流，使民族村寨失去活力、激情和创新，也会让游客厌倦。大学生是最具有创新活力和激情的群体，高校的旅游管理专业、酒店管理专业、经济与管理等专业是专门培养相关专业人才的,高校还有旅游相关的社团。他们具有专业知识,却缺乏实践锻炼。如果设立民族旅游创新创业大赛,让大学生设计民族旅游产品和服务,并在民族节日进行表演和展示,必然会给民族旅游增添新的活力,丰富民族旅游产品和服务,推动民族旅游的变革。同时也给大学生一个实践的舞台,从中积累经验,为民族旅游的未来发展培养人才。

(三)利用暂时闲置资源,完善旅游设施

征用暂时闲置土地作为临时停车场。由于民族节日比较短,修建永久停车场不现实。不过,民族乡村有一些暂时不用的土地。一是暂时闲置的耕地。水族端节期间,水稻已经收割,而冬种还没开始,耕地暂时闲置,如果征用部分暂时闲置的耕地,稍微整理一下,就能变成临时停车场,适当收取费用,这样既能解决游客停车的困难,又能增加农户的收入。二是暂时闲置的宅基地。水族过节,周边非水族村落不过节日,大量人员外出务工,宅基地暂时闲置,如果能够暂时征用过来,就能成为临时的停车场。三是租用城市停车场,通过广泛宣传,让游客在此停车,再通过大巴车转运游客到上述临时停车区。

租用景区游览车摆渡。临时停车场到民族节日核心区还有很远的距离,为了解决游客的困难,可行的措施就是用景区游览车在临时停车场与景区核心区进行摆渡,对当地人免费,向游客适当收取费用,这既能解决出行的困难,又能成为民族节日旅游的一个新的利润增长点。由于节日很短,购买景区游览车不现实,可行的方法就是临时租用景区游览车,或各村共同出资购买,成立专门合作社经营管理,哪个村寨举行节日,哪个村可以去租用,经营产生的利润按出资比例分配。

临时闲置房屋入股合作社,成立游客接待中心。由于大多数村民外出务工,所以乡村有大量暂时闲置的房屋,尤其是有很多干栏式建筑,新房建成后,几乎被闲置。如果成立合作社,将村民暂时闲置的房屋进行修整，然后统一经营，这样既能解决民族节日游客接待设施不足的困难，又能解决房屋无人管理的局面，村民返家后也能直接入住，而且还增加了农户的经营收入。

(四)"走出去、引进来、干中学"，提升民族旅游经营管理意识和能力

通过"走出去、引进来、干中学"三种途径提升民族旅游经营管理的意识和能力。

首先是走出去。组织景区相关管理人员到外地考察学习，学习他人是如何经营管理旅游业的，然后要求他们结合本地民族旅游资源，写一篇学习心得和体会。还要带着任务去学习，参加相关讲授和培训。这就会开阔管理人员的视野，提升其旅游规划和管理能力。

其次是引进来。人才的需求不仅是待遇，还有其他各方面的需求，如发展的机会、尊重的需要等。虽然暂时不能从收入待遇等方面满足人才的需要，但如果能够从其他方面满足人才的需求，同样能够吸引人才。对于人才而言，收入待遇固然重要，但发展的机会更重要，如果能够提供人才发展的机会，让投资创业更加便利，成功率更高，就能吸引一批人才去投资创业，使他们有机会发展他们的才能，实现自身的抱负。如果创造一个尊重人才、重视人才的环境，即使收入待遇低一些，人才也愿意留下来，从而提升民族旅游企业的经营管理能力。

最后是干中学。民族旅游景区的经营者都经历过从不会到会的转变，而这一过程最重要的推动力就是干中学。例如，广西龙脊，很多经营者说他们的经营管理经验主要来自这几个方面：自己不断摸索，总结经验、教训，不断改进；向周边他人学习；向游客请教；外出旅游时观察学习他人的旅游经营管理；通过书籍、网络学习。因为在经营中，会经营，不仅能够带来游客和利润，还能带来声誉和威望，在熟人社会的村寨中的地位上升，这就推动他们不断地在干中学，民族旅游经营管理能力和水平不断提高。因此，黔南民族旅游要先做起来，让人们在干中学习，最终会逐渐成功。

第四章

农业产业结构调整研究

第一节 基于演化博弈的农业经营模式调整策略研究

产业兴旺是乡村振兴的物质基础,要实现产业兴旺,必然要对传统的以家庭劳动为基础的、自给自足的农业经营模式进行调整,这种调整是多方面的,既包括产业结构的调整,又包括经营方式的调整。调整需要策略,如果策略得当,既可以促进农业经营模式创新,促进农村经济的发展,提高农民的收入,又能减轻冲突和摩擦。如果策略不当,轻则损害农村经济的发展,重则导致社会冲突和摩擦,也不利于经济内循环的建立。因此,研究农村经营模式调整策略具有重要的意义。

对于农业经营模式的调整,学界从多个角度进行了研究,并取得了丰硕的成果。一是对新型经营模式进行比较研究。毛瑞男、许永继认为现有的经营模式有政府主导型、精英拉动型和市场决定型三种,并分析了每种模式的优点和缺点。[①] 刘腾龙从嵌入性视角比较了外生型土地精英和内生型土地精英在农业经营中的不同,认为内生型土地精英更易获得社会资本

---

① 毛瑞男,许永继. 培育新型农业经营主体的模式选择 [J]. 人民论坛·学术前沿,2020(23):124-127.

的支持，经营的效果更好。① 武舜臣、钱煜昊、于海龙比较了土地规模经营和服务规模经营中小农户的定位问题。② 文龙娇、马昊天比较了"内股外租型""自主经营型"与"合股共赢型"三种农地经营权入股模式，发现在不同模式中主体利益联结关系的强度不同，认为应该在不同阶段采取不同的模式。③ 二是从实践角度研究某一种新型经营模式，总结其经验。岳丽颖以铁岭市为例研究了农户与合作社合作种植的经营模式，即农民出土地，合作社负责出生产资料和组织管理土地，最终所产出的粮食，农民与合作社共同分配的经营模式。④ 汪旭晖、赵博、王新以网易味央猪为案例研究了数字农业模式。⑤ 钟漪萍、唐林仁、胡平波研究了农旅融合促进农村产业结构优化升级的机理。⑥ 杨阳、李二玲以山东寿光蔬菜产业集群为例探讨了绿色农业产业集群形成机理的理论框架。⑦ 三是对农业经营模式中的某一侧面进行研究。杨兆廷、李俊强、付海洋研究了"区块链+大数据"下新型农业经营主体融资模式。⑧ 谢金华、杨钢桥、许玉光等研究

---

① 刘腾龙. 内外有别：新土地精英规模化农业经营的社会基础——基于乡村创业青年的视角［J］. 中国青年研究，2021（07）：46-54，45.
② 武舜臣，钱煜昊，于海龙. 农户参与模式与农业规模经营稳定性——基于土地规模经营与服务规模经营的比较［J］. 经济与管理，2021，35（01）：30-35.
③ 文龙娇，马昊天. 农村土地经营权入股模式比较与路径优化研究［J］. 农业经济，2020（11）：20-22.
④ 岳丽颖. 铁岭市农业土地规模化经营模式探索——玉米合作种植新模式［J］. 农业经济，2020（07）：20-21.
⑤ 汪旭晖，赵博，王新. 数字农业模式创新研究——基于网易味央猪的案例［J］. 农业经济问题，2020（08）：115-130.
⑥ 钟漪萍，唐林仁，胡平波. 农旅融合促进农村产业结构优化升级的机理与实证分析——以全国休闲农业与乡村旅游示范县为例［J］. 中国农村经济，2020（07）：80-98.
⑦ 杨阳，李二玲. 绿色农业产业集群形成机理的理论框架及实证分析——以山东寿光蔬菜产业集群为例［J］. 资源科学，2021，43（01）：69-81.
⑧ 杨兆廷，李俊强，付海洋. "区块链+大数据"下新型农业经营主体融资模式研究［J］. 会计之友，2021（04）：156-161.

了农地整治对农户收入和福祉的影响机理。① 潘泽江、张焰翔研究了民族地区新型农业经营主体的经营绩效、影响因素与培育策略。②

前述研究对于农业经营模式的调整具有重要的推动作用,不过,上述研究以执行部门严格执行政策、农户完全配合农业经营模式调整为前提,如果执行部门不动员、农户不配合,再好的模式也是无源之水、无本之木。实际上,农户有自身的利益和思想,会积极思考并主动决策,而不总是被动接受,农户无条件配合的情况比较少见。为研究方便,这里把政策部门和执行部门相区分。政策部门是指负责发布农业经营模式调整相关政策、措施并负责监督、考核的政府相关部门。执行部门是指按照农业经营模式调整的政策督促或引导农户调整经营结构、流转土地、加入合作社等的政府相关部门,村委会虽然不是政府部门,但要负责执行政府农业经营模式调整的相关政策,实际上很多政策的实施都是由村委会推动的,因此,这里把村委会也归为执行部门。由于农户和农业经营模式调整的执行部门有不同的利益,二者之间存在着博弈,因此需要运用博弈的思想研究农业经营模式调整政策和农户的响应。执行部门与农户具有不同的信息渠道,政府相关执行部门主要通过现代信息工具和政府上传下达的文件获取信息,而农户则主要通过亲戚、朋友、邻居获取信息,二者获取的信息都是不完全的,也是不对称的,因此我们假设信息是不完全的。同时,农户和执行部门的决策或多或少受社会关系和文化系统的影响和制约,他们的决策不完全是理性的。演化博弈不要求以完全信息和完全理性为前提条件,当有利机会出现时,博弈主体并非全部采取最有利行动来抓住机会,但采取最有利行动的博弈主体的比例会增加。为此,本文运用演化博弈模型,对农户与执行部门之间的互动关系进行研究,探讨农业经营模式调整

---

① 谢金华,杨钢桥,许玉光,王歌. 农地整治对农户收入和福祉的影响机理与实证分析 [J]. 农业技术经济,2020(12):38-54.
② 潘泽江,张焰翔. 民族地区新型农业经营主体:经营绩效、影响因素与培育策略 [J]. 中南民族大学学报(人文社会科学版),2020,40(05):133-139.

的合理有效的策略。

一、不带处罚的农户与执行部门的演化博弈

为了促进乡村振兴，执行部门决定进行农业经营模式调整。农户有两种选择：配合或不配合。执行部门也有两种选择：对农户进行动员，或不动员。假设动员的成本为 c。在农户不配合，执行部门也不动员的情况下，各自获得自己的保留收益 r, R。如果农户配合，获得收益 a，在此情况下，如果执行部门不动员，则获得收益为 b，如果动员，则要消耗成本 c，净收益为 $b-c$。如果农户不配合，执行部门动员，农户的收益为保留收益 r，执行部门的收益为 $R-c$。假设配合的农户所占的比例为 x ($0 \leq x \leq 1$)，不配合的农户所占的比例为 $1-x$。执行部门动员的比例为 y ($0 \leq x \leq 1$)，不动员的比例为 $1-y$。

表 4-1　农户与政府部门博弈矩阵

	动员 y	不动员 $1-y$
配合 x	a, $b-c$	a, b
不配合 $1-x$	r, $R-c$	r, R

农户配合的收益记为 u_1，农户不配合的收益记为 u_2，期望收益记为 $\bar{u}$。则农户配合的收益、不配合的收益、期望收益分别为：

$u_1 = ya + (1-y) a = a$

$u_2 = yr + (1-y) r = r$

$\bar{u} = xu_1 + (1-x) u_2 = xa + (1-x) r$

根据 Malthusian 方程，农户的复制动态方程为：

$$F(x) = \frac{dx}{dt} = x(u_1 - \bar{u}) = x(1-x)(a-r) r \cdots\cdots (1)$$

令 $F(x) = 0$，得农户的两个均衡点：$x_1 = 0$, $x_2 = 1$。

如果 $a<r$，即农户调整经营模式的收益小于现在的收益，则 $F(x) = \frac{dx}{dt}<0$，表明 x 是关于时间 t 的递减的函数，即随着时间的推移，x 逐渐减小，最后收敛于其最小值点 0。其相位图如下：

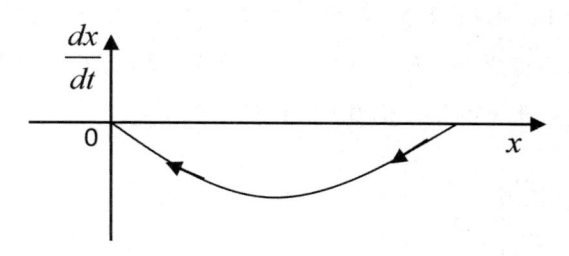

即不管最初有多大比例的农户选择调整农业经营模式，随着时间的推移，最终所有的农户都会放弃调整农业经营模式，而返回到原来的经营模式。

如果 $a>r$，由（1）式可知，此时 $F(x) = \frac{dx}{dt}>0$，x 是关于时间 t 的递增的函数，即随着时间的推移，x 逐渐增加，最终收敛于 x 的最大值点，即 $x=1$。其相位图如下：

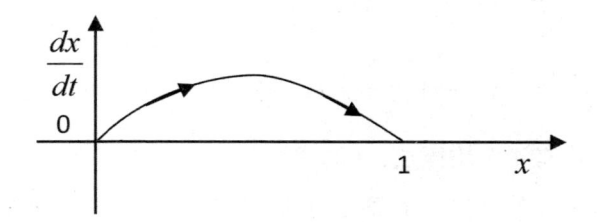

这说明最初不管有多大比例的农户选择调整农业经营模式，随着时间的推移，最终所有的农户都会调整农业经营模式。

执行部门动员的收益记为 v_1，不动员的收益为 v_2，期望收益为 $\bar{v}$。则执行部门动员的收益、不动员的收益和期望收益分别为：

$v_1 = x(b-c) + (1-x)(R-c)$

$v_2 = xb + (1-x)R$

$\bar{v}=yv_1+(1-y)v_2=R+x(b-R)-yc$

根据 Malthusian 方程，执行部门的复制动态方程为：

$$F(y)=\frac{dy}{dt}=y(v_1-\bar{v})=-cy(1-x)(1-y) \cdots\cdots\cdots\cdots (2)$$

让 $F(y)=0$，得执行部门的两个均衡点：$y_1=0$，$y_2=1$。

注意到在均衡点之外，$F(y)$ 始终小于 0，即 y 随着时间的推移而逐渐衰减，最终收敛于 y 的最小值 0。其相位图如下：

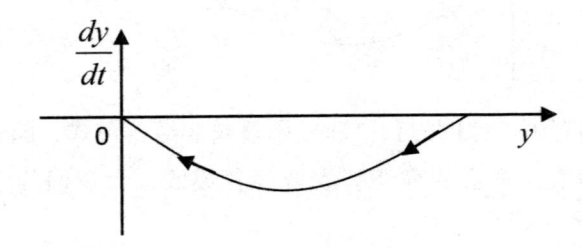

这说明，如果没有其他激励或约束，执行部门最终都会选择不动员，即不会积极执行上级下达的农业经营模式调整的政策。

式（1）和式（2）构成一个二维动力系统（I），即：

$$\begin{cases} F(x)=\dfrac{dx}{dt}=x(u_1-\bar{u})=x(1-x)(a-r)r \\ F(y)=\dfrac{dy}{dt}=y(v_1-\bar{v})=-cy(1-x)(1-y) \end{cases} \cdots\cdots\cdots\cdots (3)$$

系统（I）有 4 个均衡点：(0, 0) (0, 1) (1, 0) (1, 1)。

根据 Friedman 的方法，下面运用雅可比矩阵来分析演化系统均衡点的稳定性。对于式（1）和式（2）求关于 x，y 的偏导数，得到该系统的雅可比矩阵：

$$J=\begin{pmatrix} \dfrac{\partial F(x)}{\partial x} & \dfrac{\partial F(x)}{\partial y} \\ \dfrac{\partial F(y)}{\partial x} & \dfrac{\partial F(y)}{\partial y} \end{pmatrix}=\begin{pmatrix} a_{11} & a_{12} \\ a_{21} & a_{22} \end{pmatrix} \cdots\cdots\cdots\cdots (4)$$

$a_{11}=(1-2x)(a-r)$，$a_{12}=0$，$a_{21}=0$，$a_{22}=-c(1-2y)$

当雅可比矩阵 J 的迹 $tr(J)<0$，且雅可比行列式 $det(J)>0$ 同时满足时，复制动态方程的平衡点就是稳定的，是演化稳定策略（ESS）。

表 4-2 系统均衡点的稳定性分析

均衡点	tr (J)	tr (J) 的值 a<r	tr (J) 的值 a>r	det (J)	det (J) 的值 a<r	det (J) 的值 a>r	结果 a<r	结果 a>r
(0, 0)	a−r−c	<0	不定	−(a−r)c	>0	<0	ESS	鞍点
(0, 1)	a−r+c	不定	>0	(a−r)c	<0	>0	鞍点	不稳定
(1, 0)	−(a−r)−c	不定	<0	(a−r)c	<0	>0	鞍点	ESS
(1, 1)	−(a−r)+c	>0	不定	−(a−r)c	>0	<0	不稳定	鞍点

由表 4-2 可知，当 $a<r$ 时，(0, 0) 为演化稳定策略（ESS）；当 $a>r$ 时，(1, 0) 为演化稳定策略（ESS）。

二、强制动员情况下农户与执行部门的博弈

如果上级要求必须动员农户调整农业经营模式，如果不动员，则给予 m 的惩罚，则农户与执行部门的博弈矩阵变为表 4-3。

表 4-3 带有处罚的农户与政府部门博弈矩阵

	动员 y	不动员 1−y
配合 x	a, b−c	a, b−m
不配合 1−x	r, R−c	r, R−m

由表 4-3 可知，农户的一切都没有发生变化，因此，农户的复制动态方程和演化稳定策略如前。执行部门的收益发生了变动，此时执行部门动员的收益、不动员的收益、期望收益如下：

$v_{m1}=x(b-c)+(1-x)(R-c)$

$v_{m2}=x(b-m)+(1-x)(R-m)$

$$\bar{v}_m = yv_{m1} + (1-y)v_{m2}$$

此时执行部门的复制动态方程为：

$$F_m(y) = \frac{dy}{dt} = y(v_{m1} - \bar{v}_m) = y(1-y)(m-c) \cdots\cdots (5)$$

令 $F_m(y) = \frac{dy}{dt} = 0$，得执行部门的两个均衡点：$y_{m1} = 0$，$y_{m2} = 1$。

当 $m>c$ 时，$F_m(y) = \frac{dy}{dt} > 0$，$y$ 随着时间 t 的增大而增大，最终会趋向于 y 的最大值，即 $y=1$。这说明，不管最初选择如何，当惩罚的程度足够大时，最终执行部门都会选择动员。

当 $m<c$ 时，$F_m(y) = \frac{dy}{dt} < 0$，$y$ 随着时间 t 的增大而减小，最终会趋向于 y 的最小值，即 $y=0$。说明当惩罚力度不够大，小于动员的成本时，执行部门不会进行动员。

式（1）和式（5）构成一个二维动力系统（Ⅱ），即：

$$\begin{cases} F(x) = \frac{dx}{dt} = x(u_1 - \bar{u}) = x(1-x)(a-r)r \\ F(y) = \frac{dy}{dt} = y(v_{m1} - v_{m2}) = y(1-y)(m-c) \end{cases} \cdots\cdots (6)$$

该系统有4个均衡点：（0，0）（0，1）（1，0）（1，1）。

对于式（1）和式（5）求关于 x，y 的偏导数，得到该系统的雅可比矩阵：

$$J_m = \begin{pmatrix} \frac{\partial F(x)}{\partial x} & \frac{\partial F(x)}{\partial y} \\ \frac{\partial F_m(y)}{\partial x} & \frac{\partial F_m(y)}{\partial y} \end{pmatrix} = \begin{pmatrix} a_{11} & a_{12} \\ a_{m1} & a_{m2} \end{pmatrix} \cdots\cdots\cdots (7)$$

$a_{11} = (1-2x)(a-r)$，$a_{12} = 0$，$a_{m1} = 0$，$a_{m2} = -(m-c)(1-2y)$

表 4-4　系统均衡点的稳定性分析

		(0, 0)	(0, 1)	(1, 0)	(1, 1)
	tr (J)	$a-r+m-c$	$a-r-m+c$	$-a+r+m-c$	$-a+r-m+c$
	det (J)	$(a-r)(m-c)$	$(a-r)(c-m)$	$(a-r)(c-m)$	$(a-r)(m-c)$
$a<r$ $m<c$	tr (J)	<0	不定	不定	>0
	det (J)	>0	<0	<0	>0
结果		ESS	鞍点	鞍点	不稳定
$a<r$ $m>c$	tr (J)	不定	<0	>0	不定
	det (J)	<0	>0	>0	<0
结果		鞍点	ESS	不稳定	鞍点
$a>r$ $m<c$	tr (J)	不定	>0	<0	不定
	det (J)	<0	>0	>0	<0
结果		鞍点	不稳定	ESS	鞍点
$a>r$ $m>c$	tr (J)	>0	不定	不定	<0
	det (J)	>0	<0	<0	>0
结果		不稳定	鞍点	鞍点	ESS

由表4-4可知，当$a<r$且$m<c$时，(0, 0)为演化稳定策略(ESS)。这说明当调整农业经营模式的收益小于现在的收益时，不管最初农户做何种选择，最终都会放弃调整农业经营模式，回到原来的经营模式；当惩罚的损失小于调整农业经营模式的成本时，不管最初执行部门做何种选择，最终都会放弃动员农户调整农业经营模式。这时，调整经营模式的政策不会落实，农村经营模式没有变化，农户仍然保持原来的经济状态。

当$a<r$且$m>c$时，(0, 1)为演化稳定策略(ESS)。这说明当调整农业经营模式的收益小于现在的收益时，最终所有的农户都不会调整农业经营模式；当惩罚的损失高于动员的成本时，执行部门最终会进行动员。这种情况下，执行部门进行动员，消耗了动员成本，但对农业经营模式没有产生任何影响。

当 $a>r$ 且 $m<c$ 时，(1, 0) 为演化稳定策略 (ESS)。这说明，当调整农业经营模式的收益大于现在的收益时，农户最终都会调整农业经营模式；当惩罚的损失小于动员的成本时，执行部门不会进行动员。这时执行部门不动员，没有消耗动员成本，农业经营模式顺利调整，达到了预期目标。

当 $a>r$ 且 $m>c$ 时，(1, 1) 为演化稳定策略 (ESS)。这说明，调整农业经营模式的收益高于现在的收益，农户会进行农业经营模式调整；当惩罚的损失高于动员的成本时，执行部门会选择动员。这种情况下，虽然达到了调整农业经营模式的目的，但也消耗了动员的成本。

三、激励情况下的农户与执行部门的博弈

首先分析固定奖励的情形。上级政府部门专门拨付一笔款项用于农业经营模式调整，执行部门用这笔钱奖励调整农业经营模式的农户，假设奖励为固定值 π。即在执行部门动员时，调整农业经营模式的农户除了可以获得新经营模式的收益 a，还能获得奖励 π。这时，博弈矩阵如下：

表 4-5　固定奖励情形下的博弈矩阵

	动员 y	不动员 $1-y$
配合 x	$a+\pi$, $b-c$	a, $b-m$
不配合 $1-x$	r, $R-c$	r, $R-m$

农户选择配合、不配合和平均的期望收益分别为：

$u_{\pi 1} = y(a+\pi) + (1-y)a = a+y\pi$

$u_{\pi 2} = yr + (1-y)r = r$

$\bar{u}_\pi = xu_{\pi 1} + (1-x)u_{\pi 2}$

农户的复制动态方程为：

$$F_\pi(x) = \frac{dx}{dt} = x(u_{\pi 1} - \bar{u}_\pi) = x(1-x)(a-r+y\pi) \cdots\cdots\cdots\cdots (8)$$

执行部门的复制动态方程与前述一致，仍为式（5）。

当 $a-r>0$ 时，$F_\pi(x) = \dfrac{dx}{dt} \geq 0$，$x$ 关于时间 t 是递增的，最终会达到其最大值 1。因此，只要调整农业经营模式的收益超过现在的收益，不管是否动员，农民最终都会选择调整农业经营模式。

当 $a-r<0$ 时，如果 $m<c$，由式（5）知 y 逐渐下降到 0，这时 $a-r+y\pi=a-r<0$，由（8）式可知，此时 $F_\pi(x) = \dfrac{dx}{dt} \leq 0$，$x$ 会逐渐下降到 0。这时执行部门选择不动员，农户选择不调整农业经营模式，一切照旧。如果 $m>c$，由式（5）知，y 逐渐增加到 1，此时 $a-r+y\pi=a-r+\pi$，要使调整农业经营模式成功，就需要 $a-r+\pi>0$。这意味着农户调整农业经营模式损失多少，相应的奖励就应该增加不少于这一数值，这样才能吸引农户调整农业经营模式。

由前述分析可知，只要 $a+\pi>r$，农户就会调整农业经营模式。当 $a<r$，但 $a+\pi>r$，即调整农业经营模式的收益虽然小于现在的收益，但加上奖励之后的收益大于现在的收益，农户为了获得奖励，会调整农业经营模式。这种奖励是把社会财富用于补偿农户调整农业经营模式的损失，社会财富实际上减少了。另外，如果奖励是有限次的，有补贴的年份，农户为了获得奖励，会进行农业经营模式调整，一旦奖励停止，又回到前述分析的演化博弈，最终农户又会放弃农业经营模式调整，回归原来的农业方式。

如果采取比例奖励的形式，若产业结构调整的比例为 x，则奖励为 τx（$\tau>0$），这种情况下，农户与执行部门博弈的矩阵见表 4-6：

表 4-6 比例奖励情形下的博弈矩阵

	动员 y	不动员 $1-y$
配合 x	$a+\tau x$, $b-c$	a, $b-m$
不配合 $1-x$	r, $R-c$	r, $R-m$

农户配合调整产业结构的收益、不配合的收益、期望收益分别为：

$u_{x1} = y(a+\tau x) + (1-y)a = a + y\tau x$

$u_{x2} = yr + (1-y)r = r$

$\overline{u}_x = xu_{x1} + (1-x)u_{x2}$

农户的复制动态方程为：

$F(x) = \dfrac{dx}{dt} = x(u_{x1} - \overline{u}_x) = x(1-x)(a-r+y\tau x)$ …………（9）

执行部门的收益没有发生变化，其复制动态方程仍然为式（5）。

式（9）和式（5）联合构成二维动力系统（Ⅲ），即：

$$\begin{cases} F_\tau(x) = \dfrac{dx}{dt} = x(1-x)(a-r+y\tau x) \\ F_m(y) = \dfrac{dy}{dt} = y(1-y)(m-c) \end{cases} \text{…………（10）}$$

由式（9）可知，当 $a>r$ 时，$F_{(x)} = \dfrac{dx}{dt} \geq 0$，$x$ 随着时间的推移而逐渐增大，最终达到其最大值1。这意味着只要调整农业经营模式的收益超过现在的收益，最终所有的农户都会选择调整农业经营模式。

当 $a<r$ 时，如果 $m<c$，由式（5）可知，$F_m(y) = \dfrac{dy}{dt} \leq 0$，此时 y 关于时间 t 递减，最后达到其最小值0，这时 $xy=0$。由式（9）可知，$F_\tau(x) = \dfrac{dx}{dt} < 0$，$x$ 关于时间 t 递减，最后达其最小值0。因此在这种情况下，最终执行部门选择不动员，农户选择不调整农业经营模式，维持原状。

当 $a<r$ 且 $m>c$ 时，由式（5）可知，$F_m(y) = \dfrac{dy}{dt} \geq 0$，$y$ 关于时间 t 递增，最后达到其最大值1，这时 $xy=x$。由式（9）可知，如果 $x > \dfrac{r-a}{\tau}$，$F(x) = \dfrac{dx}{dt} \geq 0$，$x$ 关于时间 t 递增，最后达到其最大值1；如果 $x < \dfrac{r-a}{\tau}$，F_τ

$(x)=\dfrac{dx}{dt}\leq 0$，此时 x 关于时间 t 递减，最后达到其最小值 0。即此时有一个临界值 $\dfrac{r-a}{\tau}$，当 x 超过这个临界值时，最终所有农户都会调整农业经营模式。因此，在这种情况下，为了保证农业经营模式调整顺利成功，除了对懒政的部门进行足够的惩罚外，还应当采取措施，使调整农业经营模式的农户的比例迅速超过临界值 $\dfrac{r-a}{\tau}$。不过，由于调整农业经营模式的收益小于现在的收益，动员农户调整农业经营模式实际没有意义。

四、存在规模收益的农户与执行部门的博弈

如果该农业产业存在规模经济，如农户联合起来，可以共享技术、劳动力、品牌、物流市场等，规模越大，农户的收益越高，即调整农业经营模式的收益与调整农业经营模式的农户的比例正相关，设调整农业产业结构的收益 $a=\kappa x$（x 为调整农业经营模式农户的比例，$0\leq x\leq 1$）。这种情况下的博弈矩阵如下。

表 4-7 规模收益情形下的博弈矩阵

	动员 y	不动员 $1-y$
配合 x	$\kappa(x+\delta)$，$b-c$	κx，$b-m$
不配合 $1-x$	$r-r_0$，$R-c$	r，$R-m$

执行部门如果不动员，农户主动调整的比例为 x；如果动员，可以使调整农业经营模式的农户比例增加 δ，$0\leq\delta\leq 1$。执行部门动员的情况下，农户调整农业经营模式的收益为 $\kappa(x+\delta)$；执行部门不动员，农户调整农业经营模式的收益为 κx。农户调整农业经营模式的期望收益为：

$u_{\kappa 1}=y\kappa(x+\delta)+(1-y)\kappa x=\kappa x+y\kappa\delta$

113

如果执行部门动员，农户不配合调整农业经营模式，则对农户施加r_0的惩罚（$r_0=0$则表示不惩罚），这种情况下农户不调整农业经营模式的收益为$r-r_0$。执行部门不动员，农户不调整农业经营模式，经营模式照旧，农户获得保留收益r。这种情况下农户的期望收益为：

$u_{\kappa 2}=y(r-r_0)+(1-y)r=r-yr_0$

农户平均的期望收益为：

$\bar{u}_\kappa=xu_{\kappa 1}+(1-x)u_{\kappa 2}$

农户的复制动态方程为：

$F_\kappa(x)=\dfrac{dx}{dt}=x(u_{\kappa 1}-\bar{u}_\kappa)=x(1-x)(\kappa x+y\kappa\delta-r+yr_0)$ ……………（11）

执行部门的收益没有发生变化，其复制动态方程仍然为式（5）。

式（11）和式（5）联合构成二维动力系统（Ⅳ）：

$$\begin{cases} F_\kappa(x)=\dfrac{dx}{dt}=x(1-x)(\kappa x+y\kappa\delta-r+yr_0) \\ F_m(y)=\dfrac{dy}{dt}=y(1-y)(m-c) \end{cases} \cdots\cdots\cdots（12）$$

由（5）式知，当$m<c$时，y随着时间t的推移而逐渐下降，最终下降到0。此时令$F_\kappa(x)=0$，得$x_1=0$，$x_2=1$，$x_3=\dfrac{r}{\kappa}$。当$x>\dfrac{r}{\kappa}$时，$F_\kappa(x)=\dfrac{dx}{dt}\geq 0$，这意味着随着时间的推移$x$逐渐增大，最终达到其最大值1，这时所有的农户都会选择调整农业经营模式。当$x<\dfrac{r}{\kappa}$时，$F_\kappa(x)=\dfrac{dx}{dt}\leq 0$，这意味着随着$x=\dfrac{r}{\kappa}$随着时间的推移而逐渐减小，最终达到其最小值0，这时所有的农户都不会选择调整农业经营模式。这说明$\dfrac{r}{\kappa}$是一个临界值，为了使农户调整农业经营模式，应当采取措施，使调整农业经营模式农户的比例迅速超过$\dfrac{r}{\kappa}$。

由式（5）知，当 $m>c$ 时，y 随着时间 t 的推移而逐渐增加，最终增加到其最大值 1。此时令 $F_\kappa(x)=0$，得 $x_1=0$，$x_2=1$，$x_3=\dfrac{r-r_0-\kappa\delta}{\kappa}$。如果 $r>r_0+\kappa(1+\delta)$，由式（11），$F_\kappa(x)=\dfrac{dx}{dt}\leqslant 0$，此时 x 会逐渐减小到其最小值 0；如果 $r>r_0+\kappa(1+\delta)$，由式（11），$F_\kappa(x)=\dfrac{dx}{dt}\geqslant 0$，此时 x 会逐渐增大到其最大值 1。因此，为了使农户调整农业经营模式，一方面可对不调整的农户进行惩罚，只要惩罚措施 r_0 足够大，使 $r<r_0+\kappa\delta$，最终所有的农户都会选择调整农业经营模式。另一方面，如果 δ 足够大，也能使 $r<r_0+\kappa\delta$，最终所有的农户都会选择调整农业经营模式。δ 取决于执行部门的动员能力和水平，如果执行部门素质较高，能够采取正确的动员方式，动员时，调整农业经营模式农民的比例增加的就较多，即 δ 较大；反之，如果执行部门的素质较低，不能采取正确的动员方式，调整农业经营模式农民的比例增加的就较少，即 δ 较小。δ 的大小还与农户对执行部门的信任程度有关，如果执行部门与农户联系非常紧密，处处为农户着想，农户就会非常信任执行部门，当执行部门动员时，农户认为执行部门是为了提高农户的利益，因此调整农业经营模式的农户自然增加很多，即 δ 很大。反之，如果执行部门与农户联系非常少，农户就会对执行部门持怀疑态度。更有甚者，如果执行部门曾经损害过农户的利益，如许诺不兑现，导致农户损失，那么，农户就可能抱着反对的态度，自然地调整农业经营模式的农户增加的就很少，即 δ 很小。针对前一种情况，可以选取高素质的人员充实执行部门，或对执行部门的员工进行培训，以提高其素质和能力；针对后一种情况，要求执行部门认真落实群众路线，密切联系农户，为农户利益着想，最终取得农户的信任。

五、政策建议

（一）要充分尊重农户的利益

只有农户的利益被尊重，能够从农业经营模式调整中获得实实在在的利益，农户才愿意调整农业经营模式。因此，要充分调研每种农业经营模式的收益情况，选择利润最大化的经营模式。但要注意的是，应当以利润为指标而不是产值为指标。有些地方为了突出农业经营模式调整的成效，以产值为指标，但产值大并不意味着利润高，因为还要考虑成本因素，产值高的经营模式，有时必须付出更高的成本，这种成本包括金钱成本，还包括投入的人力成本、物力成本。有的经营模式要求农户有丰富的经验，或需要掌握很高的技术，超过了农户目前的文化水平和经验积累，如果强行推动，农户按照自己的能力无法达到其要求，预期失败的可能性很高，预期收益低于目前的收益，就不会配合进行农业经营模式调整。影响利润的还有风险因素，有的产业产值高，但风险很大，顺利的时候收益很高，但一有风吹草动收益就会大幅度下降，甚至造成巨额亏损，预期收益低于目前收益，农户也不会配合进行农业经营模式的调整。还要考虑分配因素，有的产业看似利润很高，但分配给农户的比例过低，农户收入低于目前的收入，农户不会配合进行农业经营模式调整。还要考虑农业兼业经营的情况。有的经营模式看似利润不错，但要求农户全身心投入其中，农户不能分心兼职，如打工等，这样，实际利润低于农户目前兼业经营的综合利润，农户也不会配合进行农业经营模式调整。因此，在调整农业经营模式的过程中，要从农户的角度，观察调整农业经营模式的收益、成本、风险、利润分配、农户收入，多调查了解农户的情况，而不应该"拍脑袋"决策。

（二）提供服务而不过度干预

政府应当运用有限的资金和精力为农户提供各种服务，以提高农户调整农业经营模式的收益，降低其成本，从而提高其利润。例如，为农户推荐各种经营模式供农户自由选择；进行水利、道路、电力等基础设施建设，以降低农业经营模式调整的成本；组织专家对农户进行技术培训，提供技术咨询，及时帮助农户解决生产经营中遇到的各种难题，如病虫害防治等，降低农业经营模式调整的风险；营造本地农产品的整体形象，广泛推介，提升本地农产品的知名度；进行农业支持产业的培育，促进农产品物流产业、农业机械产业、农产品营销产业、法律咨询产业等发展，使其与农业产业充分配套，降低农业产业的成本，提高利润水平。

由前述分析，只要调整农业经营模式的收益高于目前的收益，不管政府是否干预，农户最终都会调整农业经营模式。如果调整农业经营模式的收益低于目前的收益，不管政府是否干预，农户都不会进行农业经营模式调整。政府的干预只是消耗了动员成本，不会产生任何效果，实际上造成了人力物力的浪费。如果决策部门施加了惩罚措施，当惩罚足够大时，执行部门会积极动员，造成动员成本的极大消耗。如果执行部门奖励调整农业经营模式，调整经营模式的收益和奖励的之和超过目前收益，农户会调整农业经营模式，这就会使利润较低的经营模式被采用，但由于奖励的不可持续性，当奖励停止后，农户就会放弃该经营模式，造成资金的浪费。因此，政府应当明确和农户的界限，不直接干预农户经营模式的调整。

（三）加强执行部门的能力建设

执行部门大多为村党委和村委会等基层部门，基层部门人员受教育水平整体较低，有些村干部甚至没有出过远门，不了解现代农业经营模式，也没有相应的技术和管理能力，不能为农户推荐合适的农业经营模式，不能发现农业经营模式中隐藏的各种风险，无法为农户提供技术培训、技术咨询等各种服务，不能降低农户调整农业经营模式的风险，当农业产业遇到问题时，也没有能力提供各种帮助，自己没信心，农户不信任，自然很难动员农户调整农业经营模式。因此，应当加强执行部门的能力建设，如

117

组织执行部门人员到先进地区进行学习，了解先进地区的具体做法和管理经验；对执行部门人员进行农业产业经营管理方面的培训，提供学习的渠道让其不断学习，并随时进行考核，成绩与报酬、奖励挂钩，激励他们不断学习。加强沟通能力的建设，执行部门要经常调查走访，了解农户的需要，真正为农户着想，与农户建立信任关系。这样，执行部门一动员，基于信任关系，农户就会积极调整农业经营模式，在存在规模经济的条件下，调整的农户比例很快就会超过临界点，使所有农户都选择调整农业经营模式。

第二节　落后乡村农业产业结构调整调研

产业兴旺是乡村振兴的物质基础，但民族地区的农业大多是以满足家庭需要为主的自给自足的产业，效率低下。只有通过产业结构调整，种植面向市场的高收益的农产品品种，采用现代的经营和管理模式，才能促进产业兴旺。为此，相关学者对产业结构调整的路径进行了有益的探索。李玉清、吕达奇认为农业产业结构调整应发挥政府的主导作用。[1] 李一男、郭佳、李鑫研究发现，拥有较高人力资本和先进知识结构的党员干部有针对性地主动帮扶农村地区贫困家庭，在整体上更好地实现了农业产业结构的优化效果。[2] 金芳、金荣学研究发现，财政支农整体上对农业产业结构合理化的影响不显著，但会推动农业产业结构向高级化发展。[3] 黄思则认为农业产业的经营主体是小农家庭，产业发展最终取决于市场，政府在产

---

[1] 李玉清，吕达奇．边远贫困山区农业产业结构调整路径研究——以贵州省M县推进"一减四增"政策为例［J］．贵州社会科学，2020（12）：163-168．

[2] 李一男，郭佳，李鑫．民族地区农业结构变迁与农村留守家庭的发展——基于累积因果理论的实证分析［J］．兰州学刊，2019（09）：177-189．

[3] 金芳，金荣学．财政支农影响农业产业结构变迁的空间效应分析［J］．财经问题研究，2020（05）：82-91．

业发展中主要扮演好公共品供给的角色。① 刘军强、鲁宇、李振研究发现，对于经济条件较差地区的基层政府而言，频繁更换产业是强激励与弱惩罚的激励结构下的理性行为，使一些地区的农业结构调整陷入了"新产业—低效运作—新产业"的重复低效的怪圈。②

随着乡村振兴战略的推进，农业产业结构调整的力度会逐渐加强，但是，对于如何推进农业结构调整，学术方面存在很多争议，调研发现各个地方的实践仍然处于盲人摸象的阶段，很多地方陷入了误区。贵州瓮安县在 500 亩坝区实施了产业结构调整，其实践对其他乡村农业产业的振兴具有重要的参考价值。为进一步探索如何推进农业产业结构调整，笔者以贵州瓮安县为田野调查点，一方面近距离观察瓮安县农业产业结构调整的具体实践，另一方面走访相关政府部门、农民、农业企业、合作社，从中探索民族乡村农业产业结构调整的路径。

一、产业结构调整实践

（一）因地制宜选择产业

一是根据资源禀赋选择产业。瓮安县根据降水、温度等气候条件和土壤等地理条件选择坝区重点发展的产业和备选产业。在水源充足的地方发展需水较多的农业产业，例如，瓮安县平定营三合梭罗大坝重点种植优质水稻，并计划在稻田养鱼，在猴场镇青池大坝种植茭白。在水源相对不足的地方发展需水较少的农业产业，如中药材、蔬菜产业等。例如，在水源条件较弱的岚关茶海大坝、天文平坝大坝、天文手巾坝大坝规划种植优质烟和蔬菜，在江界河桂花大坝、江界河山乐大坝规划药用银杏、夏季蔬菜

---

① 黄思. 引导与主导：农业产业结构调整的政府逻辑及其影响［J］. 重庆社会科学，2020（04）：5-14.
② 刘军强，鲁宇，李振. 积极的惰性——基层政府产业结构调整的运作机制分析［J］. 社会学研究，2017，32（05）：140-165，245.

（辣椒）和冬季蔬菜种植，在玉山深溪大坝规划培育精品水果和花卉苗木。

二是根据农户传统种植技艺选择相关的产业。瓮安县各坝区基本上选择了与传统农业产业相关的产业作为其重点发展的产业，并取得了较好的成果。例如，平定营镇梭罗村2014年引进贵州瓮安绿佳有机农业开发有限责任公司，该公司原本从事营养餐配送，于是流转600亩土地种植蔬菜，以提供营养餐所需要的蔬菜，但以失败告终。后来转向传统的水稻种植，最终大获成功。这是因为当地农民世世代代生活在这片土地上，非常了解当地的地形、气候，经过世代的摸索和优胜劣汰，现在的农业产业就是最适合这片土地的产业。梭罗村原本以水稻种植为主，只在山坡小块土地种植少量蔬菜，以供家人食用，说明这地方最适合种植水稻，贵州瓮安绿佳有机农业开发有限责任公司改种蔬菜，失败是不可避免的。后来改种水稻，适应了当地的地形、气候，还能充分利用长久形成的农田灌溉设施，也充分发挥了当地农民世代摸索总结的经验和技术。梭罗大米过去在附近小有名气，每到丰收季节，瓮安县城的人专程到此购买。贵州瓮安绿佳有机农业开发有限责任公司利用该名气，运用现代广告技术推广到广州、上海等大城市，专门向高端客户推广梭罗优质大米，自然就获得了成功。

三是根据市场需求选择市场需要的产业。随着人们收入水平的提高，低端消费下降，高端需求稳步上升，人们更喜欢优质稻米、绿色蔬菜、精品水果。瓮安各坝区准确把握市场需求的变化，纷纷选择优质稻米、绿色蔬菜、精品水果、中药材为坝区的主导产业，取得了显著的成效。

四是选择产值比较高的产业。农业产业结构调整的目的就是提质增效，因此坝区产值是坝区考核的最重要的指标（20%），各个坝区不约而同选择了高产值产业作为坝区的主要产业。例如，猴场金岱大坝、银盏红灯堡大坝、猴场青池大坝规划种植茭白，以提高其亩产值；猴场金竹大坝规划以太子参为主的中药材、蔬菜、精品水果种植模式。

（二）实行合作社+农户的经营模式

瓮安各坝区都建立了合作社，作为坝区的经营主体，实行合作社+农户的经营模式。合作社与村委会融合，由村委会的各干部分别担任合作社的理事长、理事、财务等职位，全体村民的土地等财产作为合作社的资产，合作社负责引进项目、寻找资源、开发市场、引进技术、培训社员，村民作为股东，按股份分享利润。在各坝区的实践中，又有两种具体的形式。一种是"公司+合作社+农户"的经营模式，这种模式以梭罗坝区为代表，合作社引进贵州瓮安绿佳有机农业开发有限公司，合作社动员群众将土地流转到该公司，公司支付相应的流转费用，由合作社监督执行，最初850元/亩，逐年递增，如今已经达到900元/亩，比农民辛辛苦苦一年的净收入还多，深受群众的欢迎。合作社组织相关专家对农民进行培训，部分农民到瓮安绿佳有机农业开发有限公司务工，既能获取劳务收入，又解决了公司的劳动需求问题。合作社搜寻和鉴别务工信息，按用工单位的要求组织有关专家对村民进行培训，有组织地向瓮安县城和外地输送劳动力，并协助解决用工过程中所产生的问题。另一类为"合作社+农户"的经营模式，这种模式以金竹坝区为代表，由于农业风险大、收益低，难以吸引企业投资，于是村委会成立合作社，将村民组织起来，由合作社统一选种、统一培训、统一种植、统一销售。

（三）培育新型经营主体

一是各个坝区都建立了村社合一的合作社和各种专业合作社。例如瓮安县金竹村成立了金竹村股份经济合作社、瓮安县金竹果蔬专业合作社，瓮安县梭罗村成立了梭罗村股份经济合作社、瓮安县平定营镇梭罗村蔬菜专业合作社。合作社将村集体"三资"注入合作社，村民变成合作社的股东。合作社改变传统的各户分散经营、自给自足的模式，采取统一选购优良种子、统一采购农业物资、规模化种植、集中培训、统一销售、面向市场的经营模式。二是引进龙头企业。例如梭罗村引进了瓮安绿佳有机农业开发有限公司、贵州和诚农业科技发展有限公司、贵州树康食品有限公司等，玉山镇引进了贵州玉和庄农业开发有限公司，坝区的专业大户也在迅

121

速崛起。

（四）积极进行市场开发

瓮安县各坝区积极进行市场开发。一是积极挖掘本地历史文化，提升本地农产品的品牌形象，进行市场营销。梭罗村发现高端人群喜欢绿色有机食品，于是挖掘张三丰与梭罗村的传说，提升梭罗村的知名度；挖掘本地大米曾经被朝廷指定为"贡米"的历史，从而大力宣传梭罗大米历史以来就是绿色、有机食品，塑造"梭罗大米"绿色、有机食品的高端品牌形象，从而使梭罗大米打入广东、上海等高端市场。二是积极拓展外地市场。2018年9月，猴场镇金竹村利用参加贵州省农业大招商（黔南州）暨产业经济发展菜菌果产销对接活动的大好机会，与广州江南鲜品科技有限公司签订了合作协议，该公司不仅同意在广州江南市场（贵州冷凉型蔬菜F17档口）中开辟绿色通道销售金竹村的农产品，还承诺减免相关费用。至此金竹村的农产品打入广州市场，在广东江南市场、虎门市场销售。金竹村还积极拓展广西市场，与广西南宁的海吉星市场签订销售协议。三是积极开发本地市场。积极联系本地超市、配送中心，签订销售订单。在村党委和村委会的努力下，金竹村股份经济合作社与瓮安绿佳公司、原野尚品配送中心、松辉生鲜、华福、好又多超市等蔬菜市场签了订单。同时与学校、监狱等机构对接，积极拓展销售渠道。

（五）健全分配制度

为了促进坝区的稳定长远发展，瓮安县各坝区合作社都建立了较为完善的分配制度。例如，猴场镇"金竹果蔬专业合作社"实行"3331"的利益分配方式：纯收益的30%留存合作社，用于合作社生产运营发展、合作社基础设施建设、扩大生产规模；30%留存村集体，作为金竹村集体经济收入，发展村公益事业，建设村集体公共基础设施或者开展村级公益活动等；30%用于社员入股分红；10%用于支持村辖区贫困农户发展生产。分配制度的健全,将村民的短期利益和合作社的长远利益结合起来,既有利于村民持续增收,又有利于壮大集体经济,增强了经济发展的后劲,也促进了村公共事业的发展。

二、产业结构调整路径

(一)培育新型经营主体

农业产业的落后说明了传统的农业经营主体不适应乡村产业振兴的要求,必须培育新型的经营主体才能促进乡村产业的发展,实现产业兴旺。

充实和壮大合作社。贵州正在大力推行村社合一,但是村干部普遍文化水平不高,缺乏经济管理的理论和经验。为了推进合作社的发展,提高理事会的能力和素质迫在眉睫。一是对理事会成员进行培训。与相关高校合作,利用高校的师资力量,对理事会成员进行理论培训,提高其文化素质;派遣理事会成员到发达地区成功的农业合作社、农业企业参观,学习他人成功的经验。二是选拔大学生和返乡农民工成为村合作社的理事会成员。大学毕业生理论水平较高,敢闯敢干,与同学、老师、高校建立了天然的联系,吸收部分大学毕业生充实理事会,可以提高合作社的理论水平,并可利用其学缘关系,建立起合作社与高校之间的联系,利用高校的资源促进合作社的发展。部分农民工在外地打工,积累了一定的经验、技术和人脉,视野较开阔,可以吸引这部分农民工加入理事会,利用他们的经验和技术进行产业开发,利用他们的人脉关系拓展销售市场。三是引进所需要的人才充实合作社的管理队伍。理事会根据需要,从外地引进有文化、有技术、懂管理的人才任合作社的经理。根据其经营业绩给予报酬,如果经营业绩低于目标值,只能获得最低工资,如果高于目标值,按超出部分的按一定比例支付其剩余报酬,这样就能充分利用外部人才提高合作社的管理水平。四是聘用高校的教师作为合作社的名誉顾问。合作社可以利用教师的理论知识为合作社的发展出谋划策;利用教师的专业技术,解决生产发展中出现的技术问题；利用教师作为合作社与政府有关部门沟通的桥梁，由教师起草有关报告，将合作社发展的问题和困难及时反馈到政府相关部门，也可及时将政府的有关政策文件及时传达给合作社；教师以合作社为研究基地，合作社可以将教师的研究成果就地转化。五是打好群众基础，增强合作社发展的动力。切实维护群众利益。成立合作社的目的就是通过改变农业的经营模式来提升群众的利益，只有群众的利益切实得到维护，加入合作社的收益超过单干的收益，群众才愿意加入合作社。合作社应及时公开信息，削弱信息不对称导致的逆向选择。只有公开合作社的一切信息，打消群众的顾虑，群众才愿意加入合作社。可以在每个家族中选择一位德高望重之人，将需要公示的材料交给他，由他召开家族会议讨论，同时合作社做好答疑解惑工作。也可以建立微信群或QQ群，将有关信息在群内公示，并要求每位群众阅读并回复，由专人记录群众意见，及时反馈。对于重要的内容，可以利用重要的节日，在村民返乡时召开代表会议讨论。理事会成员的时间、精力和能力是有限的，但群众的智慧是无限的，宜依靠群众，让群众意识到合作社的事不仅是村干部的事，而且是自己的事，充分发挥群众的智慧和经验，实行共商、共治、共管，这样才能增强合作社的活力。

　　扶持农业大户、家庭农场。目前，瓮安县已经自发涌现了一批农业大户、家庭农场，他们自发地流转了一些土地，种植水果或蔬菜。他们对市场非常敏感，根据市场的变动及时调整产业结构。不过他们的规模相对来说比较小，他们的销售主要依赖广西等地的商贩来采购，价格由商贩说了算，商贩赚了大头，而自己只赚了小头。由于成本等原因，不能主动去开拓市场，又由于是自主经营，也不能获得政府的扶持，资金缺乏，贷款方面也比较困难。扶持这些农业大户、家庭农场，注入集体的资产，使集体资产转变成股份，再带动其他村民加入，逐渐变成以农业大户、家庭农场为核心的合作社，这样，既能解决农业大户、家庭农场资金、资源缺乏的困难，又能带动村民致富，这比从零开始成立合作社要简单得多，也更容易成功。同时鼓励和引导他们创建品牌，开拓市场，组建营销渠道，按市场原则为其他村民提供运销服务、技术服务、农机具服务，带动其他村民共同致富。

培育农业企业。农业企业是自负盈亏的，这就决定了他们必须时刻关注市场，因此，农业企业有专门的经营管理队伍，有自己的营销渠道和品牌，规模较大，能够发挥规模经济效益，拥有先进的农机具。有这样的农业企业存在，其他农民可就近观察、学习、模仿，也会提高农民的市场观念。农业企业也可以吸收一部分农民就业，农民边干边学，也会逐渐提高自己的知识和能力。但目前，农业企业对其他村民提供的服务较少，带动作用有限。因此，一方面要积极协助土地流转，改善水利、交通、通信、电力等基础设施条件，为农业企业的入驻奠定基础，同时成立农业企业服务工作平台，为农业企业提供咨询、调解等各类服务。严厉打击干扰、破坏农业企业正常生产经营的违法活动，为农业企业的正常经营提供一个安全、稳定的环境，消除农业企业投资人的后顾之忧。另一方面，引导企业为其他农民提供销售、运输、技术等各种服务，带动其他农民共同发展。

（二）产品和品牌形象"原始化"

随着人们收入水平的不断提高，人们越来越追求饮食的健康和安全，在饮食方面，人们谈技术而色变，生怕技术污染了食品，如人们极度反感转基因技术等。现在人们追求顺应自然，认为顺应自然的天然食品才是最好、最安全的，因此，宜以"原始化"作为农产品的品牌形象，以原始化作为对外宣传的重点。在品种选择上，宜挖掘古老的品种，尤其是野生的品种。在技术上，宜选择传统方法进行耕种，如用传统的生物防虫而不是用农药防虫，以人工除草而不是用除草剂，用农家肥而不是用化肥。在市场定位上，宜定位为高端食品。市场针对高收入群体，因为高收群体更关注健康。从具体市场来说，可以针对运动食品市场、特种病人饮食市场推出相应的农产品。利用我国人际关系网络设计宣传口号，如子女关心父母,送父母健康食品,父母关爱儿孙,送儿孙营养食品,等等,推出相应的礼品包装农产品。在经营模式上,可采取灵活的模式。如将土地经营权资本化,开发类似网络游戏的交易平台,将各地块在平台销售,参与者可查看各地块的情况和用途,在规定的时间内竞购,成功竞得土地的可在平台上购买所需要的农作物种子、雇佣合适的农民帮助其种植和管理,自由决定农产品的用途,如自用、销售、赠送等,所有过程以动画的形式展现在平台上,但每个操作都与线下对应。线下,雇佣的农民按照线上雇主的要求种植和管理,按照雇主的指令汇报农作物的经营情况或进行直播、发送快递、销售、赠送等。这样就会使城里人获得相当于自己亲手种植的真正的绿色农产品,在宴请亲朋好友时成为炫耀的资本,带动其他人也来购买农村土地经营权,这样就能解决农村产业发展资金不足的问题,还能带动城里人到农村消费。土地经营权可退租,也可转让,如果不想再经营土地,可以退租或以市场价格转让给他人。

(三)抱团发展,合作共赢

坝区之间合作。构建坝区合作机制,使各坝区统一为整体,例如,可以设一个总合作社,下辖各个分合作社,这样就能壮大规模,发挥规模经济效应。在一个整体下共创品牌和塑造品牌形象,统一推广品牌,这就能提高品牌的知名度。共建营销渠道,通过渠道统一销售,避免各坝区各自建立自己的营销渠道,节约交易成本,同时也可利用销售渠道为其他农民提供销售服务,带动更多的农民发展。共享技术人员和劳动力,使劳动力全年有工作可做,全年都能获得劳动工资,这样就能留住熟练劳动力,稳定劳动力队伍,提高效率,也能够降低成本。共享机械、设备,如共享收割、检验、检疫的设施、设备等,提高设施设备的使用率,降低设施设备的平均使用成本。

农业产业与相关产业协同发展。相关研究和调查表明产业的集群发展能够产生外部经济效应,提高劳动生产率,因此,坝区的农业产业也不应该孤立地发展，而应该协同发展。与营销企业保持密切联系，听取营销企业的意见和建议，或邀请营销企业在农作物品种选择和生产技术方面进行指导，就能有针对性地生产市场所需要的农产品。与农资企业保持密切联系，了解最新的农资发展动向，及时调整农资品种，获得最有效的农资供应。与金融、物流等有关企业合作，以低成本获得贷款，及时将农产品运往市场，就能为农业产业的发展提供支持性服务，提高农业产业的效率。农业企业内部合作，如种植业产生的秸秆可以用于蘑菇种植，蘑菇种植产生的废料可加工成饲料用于养殖，养殖产生的牲畜粪便可以堆肥成农家肥用于肥田，这样不仅能够节约成本，还可减少废弃物，减轻产业的发展对环境的影响。农业产业与休闲旅游相结合，以农业知识、农业文化、农村美食为卖点，吸引游客休闲旅游，既能产生新的经济增长点，又能带动农产品的销售。

坝区与高校等科研机构合作。坝区的发展为高校等科研机构提供科研的平台，高校等科研机构依托坝区开展农业技术、农业产业发展等方面的研究，研究成果能够就地转化。在研究中，有关人员也可利用自身的知识优势为坝区提供咨询、产业规划等服务工作。在坝区建立产学研基地，吸引学生实习实践，既能够带动农产品的销售，也有利于为坝区的产业发展挑选人才，还能提高坝区的知名度和影响力。

第五章

教育与经济协调发展研究

第一节 相关研究文献综述

一、国外研究

国外各个经济学派几乎都论述过教育与经济的关系。古典学派代表人物亚当·斯密认为社会上一切人民学到的有用才能。花费不少资本进学校做学生，或者进工厂做学徒，这样学到的有用的才能是他个人的财产的一部分，这花去的资本好像实现在他的身上，又固着在他的身上，这一点，对他所属的社会来说也是一样。和让劳动变得便利的机器和工具一样，工人提高的熟练程度可看作是社会上的固定资本。尽管学习的时候要花一笔费用，但这种费用除了可以得到报偿，还可以得到利润。[①] 李斯特分析了教育在经济发展中的作用，他认为教育具有生产性，他还将教师列为生产者，他建议社会应当将大部分社会财富用于后一代的教育。[②] 马克思主义

[①] 亚当·斯密. 国富论：上 [M]. 孙善春，李春长，译. 哈尔滨：北方文艺出版社，2019：195.
[②] 弗里德里希·李斯特. 政治经济学的国民体系 [M]. 陈万煦，译. 北京：商务印书馆，2017：138.

政治经济学认为教育可以使劳动力获得劳动技能和技巧，从而成为发达的和专门的劳动力，其生产劳动是复杂劳动；在同一劳动时间里，复杂劳动所创造的价值等于多倍的简单劳动。① 新古典学派代表人物马歇尔认为教育是一种投资，而且是一种最有效的投资。② 教育与经济的关系是人力资本理论研究的重要内容，人力资本理论认为教育是形成人力资本的重要途径，人力资本的积累能够显著促进经济增长。1935年美国经济学家沃尔什首次采用"费用—效益"的分析方法研究了教育费用与收入增加的关系。③ 西奥多·舒尔茨运用定量分析的方法研究了教育投资的收益率以及教育对经济增长的贡献。④ 贝克尔从微观角度用经济学的方法系统研究了人力资本与个人收入分配的关系。⑤ 爱德华·丹尼森将经济增长的余数分解为规模经济效应、资源配置和组织管理改善、知识应用上的延时效应以及资本和劳动力质量本身的提高等，他测算出1929至1957年间美国的经济增长中教育的贡献率应是23%，而不是舒尔茨所讲的33%。⑥ 筛选理论认为教育水平能够反映一个人的能力，能力越强的人，他支付的学习成本越低，因而越能够获得较高的教育水平。所以学历反映了一个人的能力，学历越高，说明该人的能力越强，雇主就越愿意将其安置到越重要的岗位，报酬也就越高。⑦

---

① 转引自谭跃湘. 现代微观劳动价值论［M］. 长春：吉林文史出版社，2018：66.
② 马歇尔. 经济原理［M］. 朱志泰，译. 北京：商务印书馆，2019：260.
③ WALSH J R. Capital Concept Applied to Man Get access Arrow［J］. The Quarterly Journal of Economics，1935，49（2）：255-285.
④ 转引自黄冬梅. 人力资源管理基础［M］. 合肥：安徽教育出版社，2015：9.
⑤ 贝克尔. 人力资本理论：关于教育的理论和实证分析［M］. 郭虹，等译. 北京：中信出版社，2007.
⑥ 转引自李慧泉. 你一定要读的50部经济学经典［M］. 上海：立信会计出版社，2015：348.
⑦ ARROW K. Higher Education as a Filter［J］. Journal of Public Economics，1973，2（3）：193-217.

二、国内研究

教育对经济增长的影响是国内学者研究的重要方面。毛洪涛、马丹较早地运用计量模型研究了教育与经济的关系，他们发现高等教育与经济增长、居民收入之间存在真实的长期均衡与短期动态关系。① 黄燕萍、刘榆、吴一群等研究发现我国初级教育对经济增长的作用大于高级教育，高级教育对中西部经济增长的促进作用大于东部。② 闵维方认为教育推动创新，从而使经济向创新驱动增长模式转变；教育提高人力资本，从而为经济结构转型奠定基础；教育促进社会公平，从而扩大消费需求，拉动经济增长。③ 经济对教育的影响也是学者研究比较多的方面。白正府研究了市场经济条件下的高等教育运行机制。④ 还有些学者研究了教育与经济的相互关系。周光礼认为高等职业教育是经济发展和科技革新的产物，是国家工业化的直接推动力，并总结了教育与经济的三种耦合关系和中国职业教育的发展经历了三个主要阶段。⑤ 还有些学者研究了教育的投资问题、教育的回报问题、教育与经济之间的相互关系问题等。

三、研究述评

现有的研究从多个角度、运用多种研究方法研究了教育与经济的关系，为研究黔南教育与经济的关系提供了丰富的参考资料。但是综合发

---

① 毛洪涛，马丹. 高等教育发展与经济增长关系的计量分析［J］. 财经科学，2004（1）：92-95.
② 黄燕萍，刘榆，吴一群，等. 中国地区经济增长差异：基于分级教育的效应［J］. 经济研究，2013，48（04）：94-105.
③ 闵维方. 教育在转变经济增长方式中的作用［J］. 北京大学教育评论，2013，11（02）：17-26，187.
④ 白正府. 经济转型期新生代农民工教育培训研究［D］. 武汉：华中师范大学，2014.
⑤ 周光礼. 国家工业化与现代职业教育——高等教育与社会经济的耦合分析［J］. 高等工程教育研究，2014，146（03）：55-61.

现，很少有学者研究黔南教育与经济的关系。教育、经济都受社会结构和价值观念的影响，而现有的研究将教育与经济从社会结构中剥离出来，孤立地研究它们之间的关系，必然使研究结论具有一定的局限性。黔南是少数民族聚居区，黔南的教育与经济都受民族传统文化观念的影响，这使黔南教育与经济的关系更为复杂，更需要深入研究。

第二节 黔南教育与经济发展现状

一、教育现状

黔南州日益重视教育发展，对教育的投入不断加大。2011年，教育财政预算支出为30.83亿元，2017年增加到77.48亿元，是2011年的2.51倍。

表 6-1 黔南州 2011—2017 年教育财政预算支出（亿元）

年份	2011	2012	2013	2014	2015	2016	2017
教育财政预算支出	30.83	30.9	45.03	54.61	66.03	72.53	77.48

注：数据来源于 2012—2018 年《贵州省统计年鉴》

随着教育投入的增加，黔南州各级教育取得快速发展。

（一）高等教育状况

黔南州的高等教育发展迅速。2011年，黔南州共有高等学校4所，2017年，黔南州共有高等学校9所，是2011年的2.25倍；2011年，黔南州高等学校在校生数为20953人，2017年黔南州高等学校在校生数为59461人，是2011年的2.84倍；2011年黔南州高等学校专任教师1144人，2017年黔南州高等学校专任教师2334人，是2011年的2.04倍。每万人常住人口中高等学校在校生数，2011年为65.27人，2017年达到

181.23 人。从纵向看，黔南州高等教育取得了长足发展。2017 年贵州全省普通高等院校在校生 627672 人，高等职业技术学院在校生 232580 人，合计为 860252 人，常住人口为 3580 万人①，每万人高等学校平均在校生数为 240.29 人②。2017 年全国每万人高等学校在校生人数为 257.6 人③。2017 年黔南州专任教师与高校在校生之比为 3.93：100，贵州全省为 5.45：100，全国为 5.92：100④。从横向看，黔南州高等教育水平不仅低于全国平均水平，也低于贵州平均水平。

表 6-2　黔南州 2011—2017 年高等教育发展情况

年份	学校数（所）	在校学生（人）	专任教师（人）	年末常住人口（万人）	每万人高等学校在校生人数
2011	4	20953	1144	321	65.27
2012	4	23060	1476	322.64	71.47
2013	4	24863	1499	323.5	76.86
2014	5	28722	1731	323.3	88.84
2015	6	46615	1828	324.22	143.78
2016	7	53602	2008	326.12	164.36
2017	9	59461	2334	328.09	181.23

注：专任教师数来源于 2011—2017 年《黔南州国民经济和社会发展统计公报》，每万人高等学校在校生人数为笔者计算结果，其他数据来源于 2012—2018 年《贵州省统计年鉴》。

（二）中学教育状况

黔南州普通中学学校数近年来呈现明显下降趋势，2011 年黔南州共有

---

① 数据来源于《2018 年贵州统计年鉴》。
② 数据为笔者计算结果。
③ 数据来源于《2018 年全国统计年鉴》。
④ 数据为笔者计算结果。

普通中学 242 所，到 2017 已经减少到 176 所。普通中学在校学生数也呈现下降的趋势，2011 年普通中学在校学生数为 255886 人，2017 年下降到了 3228351 人。每万人普通中学平均在校生人数也出现下降趋势，2011 年为 797.15 人，2017 年已经下降到 696 人。之所以出现下降的趋势，有以下几方面的原因：一是生育观念的变迁。随着经济社会的发展，黔南州人民的生育观念也在悄然发生变化，人们已经不愿意像以前那样多生育子女，自然地适龄入学人数下降，普通中学在校生人数下降，普通中学学校数也随之减少。二是务工。黔南州属于贫困地区，人们的收入较低，很多村民外出务工，为了便于照顾子女，将子女带到外地上学。这就导致黔南州农村普通中学在校生大幅度减少，相应地学校数量开始下降。三是城镇化。2014 年 12 月 29 日，国家发改委等 11 部门联合批复都匀市作为国家新型城镇化综合试点，黔南州城镇化速度加快，很多农村居民转为城镇居民，其子女也随之在城镇就读，农村在读学生因此减少，学校数随之下降。因此，学校数、在校学生数、每万人普通中学平均在校学生数下降并不表示黔南州普通中学教学水平的下降。从专任教师看，2013 年黔南州普通中学有专任教师 15335 人，2017 年有 16661 人，增长明显。生师比（在校学生数与专任教师之比），2013 年为 16.35，2017 年为 13.71，下降明显，低于贵州省全省平均生师比（14.83）。近年来黔南州普通中学教育投入增加明显，教学条件改善，教育水平提高。

表 6-3　黔南州普通中学教育情况

年份	学校数（所）	在校学生（人）	专任教师（人）	人口（万人）	每万人普通中学平均在校生人数	生师比
2011	242	255886		321	797.15	
2012	242	249558		322.64	773.49	
2013	233	250670	15335	323.5	774.87	16.35
2014	229	248037	15995	323.3	767.20	15.51
2015	215	241352	15437	324.22	744.41	15.63

续表

年份	学校数（所）	在校学生（人）	专任教师（人）	人口（万人）	每万人普通中学平均在校生人数	生师比
2016	198	233256	15547	326.12	715.25	15.00
2017	176	228351	16661	328.09	696.00	13.71

注：专任教师数来源于2011—2017年《黔南州国民经济和社会发展统计公报》，每万人高等学校在校生人数、生师比为笔者计算结果，其他数据来源于2012—2018年《贵州省统计年鉴》。

（三）小学教育状况

2011年，黔南州共有小学1208所，2017年只剩下534所，小学学校数下降明显，并呈现进一步下降的趋势。黔南州小学在校学生数整体上呈现下降趋势，但近几年又有所回升。2011年，黔南州在校学生数323709人，2014年下降到277379人，然后有所回升，2017年已经上升到303523人。黔南州小学专任教师数总体呈现下降趋势，2011年，黔南州小学专任教师17070人，2014年下降到15742人，随后虽有所上升，但仍然没有恢复到2011年的水平。之所以出现这一趋势，除受到当地城镇化加快、居民外出务工、生育观念变迁的影响外，还因为黔南州实行易地扶贫搬迁政策，居住于自然条件恶劣的大量贫困人口逐渐迁移到城镇居住，其子女也随之在城镇就读，原来小规模的教学点随之被撤销。黔南州小学的生师比总体呈现下降的趋势，不过，随着在校学生人数的增加，近两年小学生师比又有所上升。说明黔南州小学教育水平不断在提高。2017年，贵州省小学在校生人数为362077人，专任教师为202061人[1]，生师比为17.92，2017年黔南州小学的生师比为18.16[2]，黔南州小学的生师比高于贵州全省平均水平，说明黔南州小学教育虽然取得了长足进步，但与全省平均水

---

[1] 数据来源于《2018年贵州统计年鉴》。
[2] 数据为笔者计算结果。

平相比还有差距,不过,由于生师比差距不大,说明黔南州小学教育与全省平均水平相差不大。每万人小学平均在校生人数,2011年为1008.44人,2017年为925.12人,总体呈现下降的趋势。2017年贵州全省每万人小学在校生数为1011.39人,黔南州低于这一数值,这反映了黔南州生育观念的变迁和人口流出情况。

表6-4 黔南州小学教育情况

年份	学校数（所）	在校学生（人）	专任教师（人）	人口（万人）	每万人小学平均在校生人数	生师比
2011	1208	323709	17070	321	1008.44	18.96
2012	1120	298717		322.64	925.85	
2013	1013	283701	16040	323.5	876.97	17.69
2014	937	277379	15742	323.3	857.96	17.62
2015	769	279996	16436	324.22	863.60	17.04
2016	628	290651	16027	326.12	891.24	18.14
2017	534	303523	16713	328.09	925.12	18.16

注:专任教师数据来源于2011—2017年黔南州统计公报,每万人小学在校生人数、生师比为笔者计算结果,其他数据来源于2012—2018年《贵州省统计年鉴》。

(四)幼儿教育状况

近年来黔南州幼儿园在校生人数呈现稳步增长趋势,2011年为81434人,2017年为152801人,是2011年有1.88倍。这主要是由于教育观念的变迁,过去人们特别是农村居民认为幼儿教育不重要,很少有人送孩子上幼儿园,后来,人们外出务工增多,城镇化也在加快,黔南州交通的改善也促进了人们之间的交流和交往,在这一过程中,黔南州农村居民逐渐意识幼儿教育的重要性,逐渐接受幼儿教育。农村居民最早接触的是学前教育,即在小学设置学前班,教师也由小学教师担任,学生接受一年学前教育后入读小学。后来,学前班教育不能满足人们对规范的幼儿教育的需要，学前教育逐渐从小学剥离，独立办学，由一年的学前班教育转化为三年的幼儿园教育。幼儿园数量呈迅速增长趋势，2011年，黔南州有幼儿园262所，2017年有869所，是2011年的3.32倍，增长明显。专任教师数快速增长，2013年为3157人，2017年为7706人，是2013年的2.44倍。每万人幼儿园在校生人数，2011年为253.69人，2017年为465.73人，是2011年的1.84倍。生师比（在校生人数与专任教师数之比）下降较快，2013年为31.31，2017为19.83。这说明近年来黔南州对幼儿教育的投入迅速增加，幼儿教育发展迅速。2017年每万人幼儿园在校生人数，黔南州为465.73人，贵州全省平均为428.55人，黔南州高于全省平均水平，说明黔南州幼儿教育发展更快。2017年黔南州生师比为19.83，贵州全省为18.40，黔南州高于贵州全省，说明黔南州幼儿教育虽然发展很快，但投入低于全省平均水平。

表6-5 黔南州幼儿教育情况

年份	学校数（所）	在校学生（人）	专任教师（人）	人口（万人）	每万人幼儿园平均在校生人数	生师比
2011	262	81434	2800（教职工）	321	253.69	
2012	291	85781	3387（教职工）	322.64	265.87	
2013	374	98856	3157	323.5	305.58	31.31
2014	474	113247	4211	323.3	350.28	26.89
2015	575	123142	4904	324.22	379.81	25.11
2016	713	143173	6577	326.12	439.02	21.77
2017	869	152801	7706	328.09	465.73	19.83

注：专任教师数据来源于2011—2017年黔南州统计公报，每万人幼儿园在校生人数、生师比为笔者计算结果，其他数据来源于2012—2018年《贵州省统计年鉴》。

二、黔南州经济发展现状

(一)经济总量较落后

从纵向看,黔南州的经济已经取得了明显的进步。由表6-6可以看出,2011年,黔南州人均GDP仅为1.3819万元,到2018年,已经达到人均3.9965万元,约为2011年的3倍。与全省比较,2011—2018年,黔南州人均GDP总是低于贵州省人均GDP,说明黔南州整体经济发展落后于贵州平均水平。从结构上看,黔南州第一产业所占的比重始终高于贵州全省,第二产业所占比重始终低于贵州全省,第三产业所占比重近几年来稍微高于贵州全省,两高一低,说明黔南州以工业为代表的第二产业发展滞后于全省平均水平。与全国比较,2018年,全国GDP为900309.5亿元,人口为139538万人,人均GDP为6.452073987万元,是黔南州的1.61倍,说明黔南州整体经济发展水平落后于全国平均水平。2018年,全国一、二、三产业之比为7:41:52,黔南州第一产业所占比重远远高于全国平均水平,而第二产业和第三产业比重低于全国平均水平,这说明黔南州整体经济发展还处于较低的水平。

表6-6 黔南州经济发展情况

年份	黔南州人均GDP(万元)	贵州人均GDP(万元)	黔南州GDP增速(%)	全省GDP增速(%)	黔南三产之比	贵州三产之比
2011	1.3819	1.6437	15.5	16.5	17:41:42	13:41:46
2012	1.6530	1.9668	15.5	13.5	17:40:43	13:39:48
2013	1.9955	2.3175	16	11.9	16:38:46	12:41:47
2014	2.4799	2.6512	14.5	10.4	19:37:44	14:42:44
2015	2.7849	2.9865	13.3	10.3	18:36:46	16:40:45
2016	3.1381	3.3171	12.5	9.8	18:35:47	16:39:45

续表

年份	黔南州人均GDP（万元）	贵州人均GDP（万元）	黔南州GDP增速（%）	全省GDP增速（%）	黔南三产之比	贵州三产之比
2017	3.5374	3.7824	12.1	9.4	17∶36∶47	15∶40∶45
2018	3.9965	4.1129	10.8	9.1	16∶36∶48	15∶39∶46

注：人均GDP为笔者计算，公式为：人均GDP＝GDP总量/人口总量，黔南州"GDP总量""人口总量""GDP增速"来源于黔南州2011—2018年《黔南州国民经济和社会发展统计公报》，贵州省"GDP总量""人口总量""GDP增速"来源于2011—2018年《贵州省统计年鉴》及《贵州省国民经济和社会发展统计公报》，三产之比为相关数据计算结果。

（二）经济增速较快

从增速看，2011—2018年，黔南州GDP始终保持2位数增长，增长很快，总体上高于全省的GDP增速，说明黔南州经济增长较快，增长速度高于全省平均水平。2018年，全国经济增速为6.6%，黔南州GDP增长速度远高于全国平均水平，说明黔南州近年来经济发展速度高于全国平均水平。

（三）各县市经济发展不平衡

黔南州各县市比较。2017年，龙里县人均GDP为55504元，为全州最高，福泉市人均GDP为52686元，居第二位，都匀市人均GDP为45904元，居第三位。三都县人均GDP为24942元，居倒数第一位，平塘县人均GDP为26641元，居倒数第二位，惠水县人均GDP为27683元，居倒数第三位。由此可见，黔南州各县市发展水平不均衡，龙里县人均GDP是三都县的2.23倍，经济发展水平差距很大。作为黔南州首府的都匀市经济发展水平不强，甚至低于龙里县和福泉市，对黔南整体经济的拉动作用不强。从产业结构来看，2017年，第一产业所占比重最高的为平塘县，为

31.8%，最低的为都匀市，为 8.0%，高于全省（15%）的有 8 个县，说明黔南州产业结构不尽合理，各县市产业结构差距较大。第二产业所占比例最高的为龙里县，为 61.9%，最低的为三都县，为 15.9%，说明黔南州第二产业发展不平衡，各县市差距较大。第三产业所占比重最高的为都匀市，为 56.7%，最低的为龙里县，为 26.4%[①]，差距较大，说明黔南州第三产业发展不平衡。人均 GDP 与第二产业所占的比重呈明显的正向关系。2017 年，第二产业所占比重最高的龙里县，其人均 GDP 也最高，第二产业所占比重居第二位的福泉市，其人均 GDP 也居于第二位，说明第二产业是拉动 GDP 增长的最重要的产业，大力发展第二产业，能够促进经济发展水平上升。

第三节 黔南教育对经济的贡献研究

一、黔南教育对经济的贡献度测算

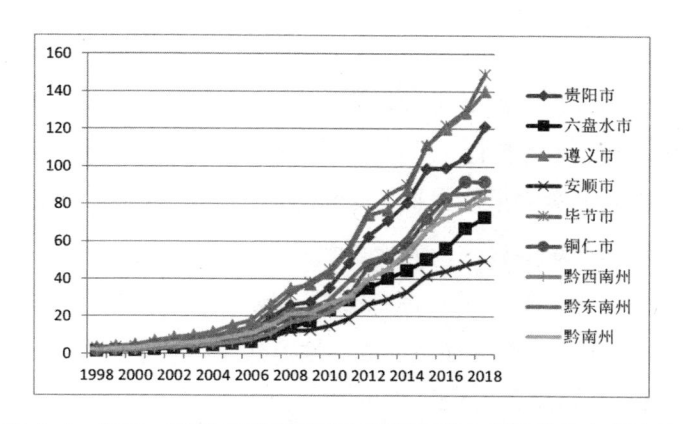

图 6-1 1998—2018 年黔南州教育经费预算支出与其他市州比较

---

① 数据来源于《2018 年黔南州统计年鉴》。

由图 6-1 可知，1998—2018 年，黔南州的教育经费财政预算支出整体呈现快速增长的趋势，但与贵州省其他市（州）相比，黔南州教育财政预算支出处于较低的水平，整体来看处于倒数第三的水平，说明黔南州教育经费的财政投入相对比较少。

（一）黔南州教育经费投入对经济的贡献度研究

1. 研究方法

C-D 生产函数揭示了投入与产出的关系，形式简单，便于研究，所以 C-D 生产函数受到人们的广泛欢迎，很多研究都采用该生产函数形式。这里也借鉴 C-D 生产函数形式，来测算黔南教育经费投入经济的贡献。教育经费的公共财政投入，可以引致人们对教育的私人投资，而为了应对这一支出，人们需要更加努力工作，从而促进经济增长；教育投入最终转化为各种消费支出，通过乘数效应拉动经济增长；教育的投入会提升人力资本，最终会推动技术进步，促进生产结构变革，提高生产效率，从而推动经济的进一步增长。因此，将教育经费的财政预算支出作为投入要素，即以产出为被解释变量，劳动投入、资本投入和教育经费的财政预算支出为解释变量，构建包含教育经费投入的生产函数，该生产函数的形式如下：

$$Y=AK^\alpha F^\beta L^\gamma \cdots\cdots\cdots\cdots\cdots\cdots (1)$$

其中，Y 为产出，A 是常数，表示技术进步，K 是投入的资本额，L 为投入的劳动额，F 为教育经费的财政预算支出，α 为资本的产出弹性，β 为教育经费财政预算支出的弹性，γ 为劳动投入弹性。弹性系数反映了各投入要素对产出的影响程度，弹性系数越大，说明该要素投入对产出的影响程度就越大。为了便于进行回归分析，同时也为了消除异方差的影响，对（1）式两端进行对数变换，变成线性形式：

$$lnY=lnA+\alpha lnK+\beta lnF+\gamma lnL \cdots\cdots\cdots\cdots\cdots\cdots (2)$$

用搜集的数据，通过（2）式进行回归分析，如果通过各项显著性检验，就可以估算出 α，β，γ 的值。对（2）式两边求导：

$$\frac{\dot{Y}}{Y} = \frac{\dot{A}}{A} + \alpha \frac{\dot{K}}{K} + \beta \frac{\dot{F}}{F} + \gamma \frac{\dot{L}}{L}$$

用差分近似代替微分得到下式：

$$\frac{\Delta Y}{Y} = \frac{\Delta A}{A} + \alpha \frac{\Delta K}{K} + \beta \frac{\Delta F}{F} + \gamma \frac{\Delta L}{L} \cdots\cdots\cdots\cdots\cdots (3)$$

教育财政预算支出主要通过提高劳动生产率来促进经济增长，所以（1）式可以进一步表示为：

$$Y = AK^{\alpha}(FL)^{\beta} \cdots\cdots\cdots\cdots\cdots (4)$$

它表示教育经费财政预算支出使简单劳动变成复杂劳动，（3）式于是可以进一步表示为：

$$\frac{\Delta Y}{Y} = \frac{\Delta A}{A} + \alpha \frac{\Delta K}{K} + \beta \left(\frac{\Delta F}{F} + \frac{\Delta L}{L} \right) \cdots\cdots\cdots\cdots\cdots (5)$$

教育财政预算支出对产出的贡献率：

$$r = \beta \frac{\Delta F}{F} / \frac{\Delta Y}{Y} \cdots\cdots\cdots\cdots\cdots (6)$$

具体计算时，先测算出每年的贡献率，然后求平均值，该平均值即为 1998—2018 年该市（州）教育财政预算支出对 GDP 的贡献度。

2. 变量选择和数据说明

为了研究教育经费财政预算支出对经济增长的贡献，选择 GDP 作为（1）式中的产出 Y，数据来源于 1999—2019 年的《贵州统计年鉴》，单位为"万元"，为了消除价格因素的影响，用历年的 GDP 除以当年的消费价格指数（1978 年为基期）。

资本投入包括固定资本投入和流动资本投入。由于流动资本投入没有可靠的统计资料，参考其他研究，运用全社会固定资本投入是可行的。[1] 资本存量的测算采用永续盘存法，其基本公式为：

$$K_t = K_{t-1}(1 - \delta_t) + I_t \cdots\cdots\cdots\cdots\cdots (7)$$

---

[1] 张军，吴桂英，张吉鹏. 中国省际物质资本存量估算：1952—2000［J］. 经济研究，2004（10）：35-44.

其中 δ_t 为资本的折旧率。根据相关研究成果，折旧率取为 9.6%。各年的固定资本投资取自历年的《贵州统计年鉴》和《贵州60年》，以1952年为基期，单位为"万元"。为了消除价格因素的影响，用（7）式测算出的资本分别除以各市州的固定资产投资指数。

教育财政预算支出数据来源于历年《贵州统计年鉴》，单位为"万元"，为了消除价格因素的影响，用每年的数据除以当年的消费价格指数（1978年为基期）。

劳动用"各市（州）非私营单位在岗职工年平均人数"与"各市州乡村从业人员数"之和表示。

3. 测算结果

首先测算黔南州的财政预算支出对 GDP 的贡献度。运用 Eviews10 对黔南州以及贵州省其他各市州 1998—2018 年的数据进行回归分析，回归分析结果如下：

表 6-7　黔南州回归分析结果

Variable	Coefficient	t-Statistic	Prob.	R^2	F	DW
C	1.655354	25.41173	0.0000	0.998751	7195.452	1.249934
LNK	0.389517	27.21483	0.0000			
LNL	0.272845	18.01142	0.0000			

从表6-7中可以看成出，各变量的 t 检验量在1%的水平上显著，R^2 值比较大，说明该模型拟合性较好。

回归结果显示，黔南州教育财政预算支出的弹性系数为0.272845，即黔南州教育预算财政支出每增加一个百分点，就能带动 GDP 增长 0.272845 个百分点。

1998—2018 年，黔南州教育财政预算财政支出对 GDP 的贡献达 36.67%。由此可见，教育经费财政预算支出是拉动黔南州经济增长的重要因素。

其次，分别测算贵州省各市（州）教育财政预算对 GDP 的贡献，用黔南州的结果与其进行对比，测算的结果如下。

表 6-8　黔南州教育财政预算支出对 GDP 的贡献与贵州省其他市州比较

市（州）	C	α	β	R^2	F 值	DW
贵阳市	1.305672	0.577384***	0.155681***	0.99932	13220.52***	1.54373
六盘水市	0.845156	0.292573***	0.464***	0.996392	2485.764***	0.913179
遵义市	2.399284	0.509775*	0.58947***	0.498126	18.85812***	0.1625
安顺市	0.821873	0.319908***	0.416493***	0.995070	1816.426***	1.530736
毕节市	1.999807	0.375266***	0.257228***	0.988457	770.6689***	0.468804
铜仁市	1.648092	0.501573***	0.160181**	0.992164	1139.553***	0.404456
黔西南州	1.653933	0.535642***	0.140642***	0.998502	5998.038***	1.446635
黔东南州	1.340327	0.509967***	0.175278***	0.995865	2167.593***	0.556686
黔南州	1.655354	0.389517***	0.272845***	0.998751	7195.452***	1.249934

注：***表示1%水平上显著，**表示5%水平上显著，*表示10%水平上显著

由表 6-8 知，贵州省各市（州）方程 α，β 系数的 t 检验非常显著，F 值非常大，在 1% 水平上显著，R^2 较大，说明方程拟合度较高，能够很好地反映贵州省各市州教育财政预算支出对 GDP 的贡献。遵义市的直接回归不显著，于是采用逐步回归，发现去掉 lnK 后，回归方程非常显著，表中的 β 系数即为该方程的 lnF 的系数；进一步分析发现，lnK 与 lnL 相关度非常大，二者回归的方程为：lnK = 0.8648082lnL，各指标非常显著，所以表中的 α 为推算的结果，非直接回归结果，但不影响 β 系数的值。

根据测算的 β 系数的值，运用（6）式，计算贵州省各市（州）的历

年教育财政预算支出对 GDP 的贡献和 2009—2018 年的平均贡献度,具体见表 6-9。

表 6-9　贵州教育财政预算支出对 GDP 的平均贡献度

	贵阳市	六盘水市	遵义市	安顺市	毕节市	铜仁市	黔西南州	黔东南州	黔南州
贡献度（%）	34.52	35.40	43.51	35.38	41.12	38.97	37.08	30.66	36.67

由表 6-9 可见,1999—2018 年黔南州教育财政预算支出对经济增长的平均贡献率为 36.67%,在贵州省 9 个市(州)中居于第 5 位,说明黔南州公共教育经费投入对经济增长的贡献在贵州省处于中等地位。

(二)黔南州各县市教育经费投入对经济的贡献度研究

1. 研究方法

这里也采用通用的 C-D 生产函数模型,教育使劳动力的劳动由简单劳动变为复杂劳动,所以生产函数采用(4)式,其中 α 为资本的产出弹性,β 为劳动的产出弹性,α+β=1。所以(4)式进一步可变为:

$$\frac{Y}{FL}=A\left(\frac{K}{FL}\right)^{\alpha} \cdots\cdots\cdots\cdots\cdots (8)$$

(8)式两边取自然对数:

$\ln Y-\ln F-\ln L=\ln A+\alpha(\ln K-\ln F-\ln L)\cdots\cdots\cdots\cdots (9)$

建立面板数据模型。

2. 变量选择和数据说明

Y 为经济产出,这里选用各县市的 GDP 来表示,数据来源于历年的《贵州统计年鉴》。K 为资本存量,数据来源于《贵州 60 年》、历年《贵州统计年鉴》和历年《黔南州统计年鉴》。各年的资本存量也采用(7)式进行测算,考虑到各县市数据的缺失或不完整,这里选择 1963 年为基期,折旧率采用 9.6%。L 为劳动,采用黔南州各县(市)全部从业人员,数据来源于2014—2017年《黔南州统计年鉴》。F为教育财政预算支出，数据来源于历年的《贵州统计年鉴》。

3. 测算结果分析

建立混合效应模型，测算的结果见表6-10。

表6-10 回归结果

变量	系数	P	R²	F值	DW
C-6.857852	0.0000	0.998947	43657.49	0.793833	
lnK-lnF-lnL	0.982600	0.0000			

测算结果显示，R²很大，说明拟合性好，F值很大，说明线性关系显著，各系数在1%水平下显著，说明模型能够很好地模拟现实。

$\alpha = 0.9826$，$\beta = 1 - 0.9826 = 0.0174$

表6-11 2014—2017年黔南州各县市教育财政预算支出对经济的平均贡献率

	都匀市	福泉市	荔波县	贵定县	瓮安县	独山县	平塘县	罗甸县	长顺县	龙里县	惠水县	三都县
贡献率（%）	4.20	1.97	2.56	1.11	1.11	0.92	1.41	0.97	0.51	2.82	0.82	1.13

由表6-11可知，2014—2017年黔南州各县市教育财政预算支出对经济的平均贡献率较低，主要是因为教育财政预算投入不足，有些县市在有些年份教育财政预算支出还有下降的情况。从各县、市比较来看，都匀市教育财政预算支出对经济的贡献度最大，其次为龙里县，长顺县、惠水县等县教育财政预算支出对经济的贡献度最小。

（三）中小学教育对经济增长的影响

用GDP表示经济增长，用中小学在校生人数表示中小学的发展，ZHXUE表示中学生在校生人数，XXUE表示小学在校生人数。这里主要采用线性回归分析法，对各数据取自然对数，假设GDP与中小数人数之间有如下关系：

$$\ln GDP = c + c_1 \ln ZHXUE + c_2 \ln XXUE \cdots\cdots\cdots\cdots (10)$$

其中 c，c_1，c_2 为待确定的参数。

这样做的好处，一是可以避免共线性的影响，二是有更明确的经济含义：c_1 表示在其他因素不变时，中学在校生人数增长 1%，对 GDP 的影响为 c_1%；c_2 表示在其他因素不变时，小学在校生人数增长 1%，对 GDP 的影响为 c_2%。

选取 1985—2018 年数据，数据来源于《贵州 60 年》和历年《贵州统计年鉴》。为了消除物价因素的影响，用当年的消费物价指数（1978 年为 100）去除当年的 GDP，再乘以 100。

用 Eviews10 进行分析，结果如下：

表 6-12　回归分析的结果

Variable	Coefficient	Std. Error	t-Statistic	Prob.
C	56.95501	5.195955	10.96141	0.0000
LNZHXUE	0.484143	0.105554	4.586703	0.0001
LNXXUE	-3.879155	0.345358	-11.23229	0.0000
R-squared	0.893997	Mean dependent var		12.69777
Adjusted R-squared	0.887158	S. D. dependent var		0.942223
S. E. of regression	0.316511	Akaike info criterion		0.621182
Sum squared resid	3.105563	Schwarz criterion		0.755861
Log likelihood	-7.560099	Hannan-Quinn criter.		0.667112
F-statistic	130.7221	Durbin-Watson stat		0.794894
Prob（F-statistic）	0.000000			

由表 6-12 可知，各变量 t 检验量都很显著，R^2 为 0.893997，比较大，

说明拟合度较好；F 统计量为 130.7221，值比较大，说明该模型线性关系显著。这说明入该模型能够较好地模拟现实情况。

c_1 = 0.484143，说明在其他因素不变时，黔南州中学生在校生人数增长 1%，将导致 GDP 增长 0.484143%。这是因为黔南州很多初中生毕业后没有升入高中就辍学了，形成新增劳动力，对 GDP 产生了贡献；高中毕业生没有考入大学的，同样也辍学打工，成为有知识、有文化的新一代打工者，他们对 GDP 的贡献更大。这说明教育确实能够提高劳动者的技能，从多方面促进 GDP 的增长。

c_2 = -3.87915，说明在其他因素不变时，小学生在校生人数增加 1%，将导致黔南州 GDP 下降 3.879155%。这并不表明黔南州的小学教育对经济增长没有贡献，而是因为小学生从接受教育到最终走向工作岗位，往往需要很长一段时间，所以小学教育对当年 GDP 没有影响，而是会影响未来的 GDP；小学教育对当年 GDP 的影响主要是人口因素和资源因素。黔南州人口主要集中在农村，农民的子女较多，但土地资源和水资源有限，人口增长会导致农业内卷化更为严重。另外，黔南州山多，儿童上学不方便，家长不得不留在家里，以便送他们上学，这样，家长就不能打工获取更高的收入，这就会限制 GDP 的增长。

二、教育影响经济的机制

由前述分析，黔南的公共教育投入能够显著促进经济增长。黔南教育促进经济增长的方式主要如下。

(一) *教育程度的提高，使人们更好地利用资源*

黔南州资源丰富，布依族、苗族、水族、瑶族、毛南族等民族文化资源不仅多姿多彩，而且特征鲜明；自然资源独特而优美，天是蓝的，山是绿的，水是清的，冬不冷，夏不热；三线建设遗产丰富，带有浓烈的历史厚重感。但是，过去由于教育水平低，并没有意识到这些是资源，反而认为是贫穷的特征和根源。在人们的潜意识里，只有山间的小块土地才是资源，于是利用山间的零碎土地采用传统方式从事传统的自给自足的农业，生产效率低下，产出低。随着人口的增长，有限的土地已经不能养活更多人口，于是人们到更高的山上砍伐树木，以获得更多土地，这导致了自然环境的破坏，即人们以牺牲自然环境为代价，以期望获得更多土地，生产更多粮食，以养活更多人口。但是，由于新开垦的土地为山间坡地，地势高，生产耕种困难，而且缺乏水源，无法灌溉；土层薄，石头多，土地贫瘠；坡度大，一下雨，泥土顺流而下，于是土层越来越薄，土地越来越贫瘠。这样，不仅增加粮食产出的愿望变成了泡影，而且还破坏了环境，于是生活越来越贫穷。所以，过去黔南人总认为山多，石头多，土地少，不像平原那样土地广阔而肥沃，才导致了贫穷。后来，随着公共教育投入的提高，也带动了私人教育的投资，黔南人的教育水平明显提高，人们开始意识到资源不仅仅是土地，民族传统文化、青山绿水等也是资源，于是人们利用这些资源。有的利用自然资源，大力发展旅游业，带动了饮食、民宿、旅游纪念品、特色农业的发展。例如，荔波县利用小七孔等独特的自然资源大力发展旅游业，每年游人如织。有的利用民族传统文化资源，发展旅游和民族文化产业。例如，水族的刺绣、苗族的银饰、布依族的蜡染等产业蓬勃发展，人们发挥传统技能，生产出丰富多彩的民族传统文化产品，通过外贸、电子商务等方式销售，大大增加了收入。有的利用当地的药材、民族养生文化和地热资源，发展大健康产业。有的利用山清水秀无污染的优势，走开放的道路，大力发展特色农业，收益颇丰。随着教育水平的提高，人们不再认为三线建设的遗址是累赘，而是将其看作稀缺的宝贵资源，充分利用三线建设的遗产发展旅游业、影视文化产业，还间接带动了其他产业的发展。例如，在都匀建立了三线建设博物馆，三线建设的老职工及其子女、亲戚经常来参观，回忆三线建设的场景，他们也利用自身的资源给都匀的经济建设出谋划策，牵线搭桥。其他游客对三线建设也非常好奇，也经常来参观，于是带动了附近了餐饮、住宿、休闲产业的发展。三线建设遗址具有厚重的历史感，黔南人充分利用这一点，发展影视文化产业，如打造毛尖小镇、巨升影视城等。三线建设的精神也成为黔南精神的一部分，人们经常到三线博物馆参观，三线建设的精神鼓舞着黔南人奋勇开拓。

虽然黔南的教育发展很快，但是，相对于发达地区来说，黔南的教育还很落后，人们的视野还受到文化水平的制约，资源并没有得到充分合理的利用。笔者在三都县发现一家经营非常成功的酒店，于是前去拜访，以了解他们成功的经验，以及他们对黔南经济发展的看法。该酒店一位高层管理人员说他们之所以成功，是因为他们有一个五人组成的管理团队，该团队成员全部来自广州，接受过专业的训练。他认为黔南州有其他地方所没有的稀缺资源，本应该好好利用，但由于教育水平的限制，视野不够开阔，资源被闲置和浪费，他为此感到非常可惜。由于教育水平低，黔南州的农村产业革命也受到一定的阻碍。例如一些地方调整农村产业结构，以增加农民的收入，但农民受教育水平低，习惯了自给自足的传统农业，认为销售没希望，不愿意调整结构。有的虽然调整了结构，但自己认为没销路，不会有收入，于是不管不问，任由杂草疯长，种植结构调整遂告失败。有的调整产业结构后，收入大幅度增长，但后来竞争加剧，农民受文化水平的限制，不会开拓新的销售市场，完全依靠政府。政府想通过易地扶贫搬迁来增加人们的收入，以解决贫困问题，但人们受教育水平低，找不到工作，有的虽然由政府帮助安排了工作，但其文化水平低，很难学会新的技能，最后被辞退，于是他们又返回原来的村子，过起了原来的生活。因此，黔南的教育确实开阔了人们的视野，使人们对资源有了新的认识，资源得到一定程度的开发和利用。但相对发达地区来说，黔南的教育还有一定的差距，还需要进一步发展教育，以期进一步开阔人们的视野，能够更合理、更充分地利用黔南州的资源，以促进黔南经济的进一步发展。

（二）教育程度的提高，促进了技术水平的提高

为了促进人们增收，政府相关部门也在积极进行技术推广，以提高劳动生产力。但是，技术是否能够推广，取决于要推广的技术是否能够提高预期收益。如果不能提高预期收益，人们不是愿意接受的，技术推广就不可能实现；如果能够提高预期收益，还要看提升的收益是否超过为此而增加的成本，如果增加的预期收益低于为此而增加的成本，人们就不会接受，技术推广也不能实现。过去，人们文化的程度低，不知道新技术会带来多大的收益。相对于传统技术，新技术面临更多的不确定性，失控的可能性更大，遭受损失的风险也就更大，即人们预期新技术带来的新增收益为零甚至为负，自然人们不愿意接受新技术。技术推广部门虽然也选择了一些试验点进行试验，但由于人们文化程度低，不完全掌握技术要领，导致新技术的产出较低，有时还会失控，损失很大，人们自然不敢接受新技术。由于文化程度较低，人们预期学习掌握新技术的成本很高，甚至预期学不会新技术。因此，人们预期新技术的成本远远超过了新增收益，人们不愿意接受新技术，这导致了新技术推广极为困难。后来，随着教育水平的提高，人们的理解能力普遍增强，已经很容易掌握新技术，即接受新技术的成本下降。同时，人们已经有能力从相关渠道获知该技术的产出情况，即预期产出增加。在这种情况下，新增收益很容易超过新增成本，采用新技术能够取得净收益，人们自然愿意采用新技术。因此，随着教育水平提高，新技术推广也变得越来越容易。科学技术是第一生产力，新技术的广泛应用自然推动经济快速发展。

为了促进新技术的推广和应用，政府相关部门也请相关专家对人们进行技术培训。过去，人们的文化程度低，难以理解培训的内容，认为培训无用，不愿意接受培训，政府进行动员，村民还索要误工费，否则不去参加培训。后来，随着教育投入的增加，人们文化程度显著提高，人们对新技术的理解能力显著增强，越来越多的村民愿意接受培训。有些村民甚至

主动申请技术培训。为了获得更多收入，有的村民甚至到外地学习相关的技术，如学习农家乐经营的技术、银饰制作技艺等，新技术推广越来越快。

但是，相对于发达地区来说，目前黔南人们的受教育水平还普遍偏低，对知识和技术的理解力与发达地区还有差距，尤其是农民，差距更大。随着经营方式的变革，各种新型技术层出不穷，技术所包括的知识量也越来越大，掌握和运用新技术所需要的文化程度也越来越高，黔南人们掌握新技术还有一定的难度，新技术的推广仍然面临一系列困难。因此，还需要进一步增加教育投入，以进一步提高人们的受教育程度，促进新技术的推广和应用。

(三) 教育程度的提高，使人们能够更好地获取信息

在市场经济条件下，必须有充分的信息才能做出正确的决策。过去，黔南人受教育水平低，农村人受教育程度更低，信息渠道狭窄，信息多来源于同村人和亲戚、朋友，但由于他们基本上是同质的，信息来源相同，导致信息也基本是相同的。有时接触外界新的信息，但由于受教育水平低，无法准确地理解有关信息，更无法从中筛选出对自己有用的信息。这就导致他们无法准确获知农产品的价格信息，只能按照收购商报出的价格销售农产品，销售价格很低，利润由收购商赚取。由于无法获取价格信息，人们在进行种植决策时，只能根据农产品现在的价格决定种植什么农作物，种植多少农作物；若今年该农产品的价格较高，所有农户都扩大该种农作物的种植面积，收获时，该农产品由于供过于求，价格大跌，农民入不敷出。农民主要通过村干部了解国家的有关政策信息，但农民由于文化水平的限制，不能准确地理解国家政策，不能抓住国家政策所提供的有利机会，有时反而陷入风险之中。因此，长期以来，黔南的低教育水平制约了黔南的经济增长。

后来，随着教育投入的增长，人们的受教育水平逐步提高。人们打破

了固有的社会关系，建立起了学缘关系，学缘关系促进了外部信息的传播，人们利用该信息优化了自己的决策，促进了收入的增长。随着受教育水平的提高，人们开始接触互联网、手机，并利用其寻找有用的信息，优化自己的决策。例如，贵定县盘江镇音寨村的村民开设网店，通过电子商务销售民族工艺品、特色农产品。人们还利用网络寻找就业机会，并在务工的过程中学习他人成功的经营模式，回乡经营农家乐等。有的利用互联网发布自己的酒店、民宿信息，有的与携程、TripAdvisor等网站合作，开展网上信息发布和订票服务等，有的通过电子邮件等与国内外游客交流、沟通，开展旅游的线上服务。在此过程中，一些年纪较大、文化水平不高的村民则求助于他们的子女，让他们子女教他们学习互联网的操作，以便于在网上开展相关业务。

因此，教育水平的提高使人们能够从更多渠道获取更充分的信息，更及时有效地抓住机会，规避风险，改进经营模式或寻找到更好的工作机会，促进了黔南经济的增长和人们收入水平的提高。但是，黔南教育的水平相对来说还很落后，大部分学生初中毕业不能升入高中就辍学了，需要进一步增加投入，提高人们的教育水平，以利于黔南经济的长远发展。

（四）教育使人们能够以更科学合理的方式抚养子女，促进人力资本的提升

人力资本是促进经济增长的重要因素，人力资本包括营养和健康。养育方式是影响孩子营养和健康的重要因素。父母的教育水平直接决定了养育孩子的方式。受教育水平低的父母不知道孩子营养平衡的重要性，认为孩子只要能够吃饱就行了，很少关注其他方面，有时容易导致孩子的营养失衡，引起孩子的发育迟缓。发育迟缓意味着相对于同龄孩子理解能力低，容易导致孩子学习成绩差，长期累积，更容易导致过早辍学。营养不均衡还容易导致一些疾病。受教育程度低的父母，不能及时发现孩子发育的不正常情况，不能及时就医和矫正，留下终生遗憾。例如儿童自闭症，早发现，早治疗矫正的效果更好，6岁以后就很难矫正了。受教育水平低

152

的父母不懂得什么是科学的养育方式，要么过于严厉，要么过于溺爱，都会对孩子的未来发展产生不好的影响。受教育水平低的父母也容易采取不卫生的方式养育孩子，孩子容易感染一些疾病。受教育水平低的父母不了解商品成分对孩子会产生什么样的影响，很少关注这些方面，从而使一些假冒伪劣商品影响孩子的健康。例如父母让孩子接触含铅量过高的商品，容易导致铅中毒，从而影响儿童知能、心理行为发育和体格发育。三都县0~6岁儿童MR（儿童智力低下）的患病率高于国内平均水平。影响儿童MR（儿童智力低下）的独立危险因素为孕周、母亲文化程度、养育方式、居住环境、家庭经济条件。[1] 受教育水平低的父母，没有意识到陪伴孩子的重要性，基于生活的压力，更容易选择长年外出打工，于是孩子成为留守儿童。当孩子上学时，文化程度低的父母没有能力辅导孩子的学习，更不知道采取何种方式协助孩子解决所遇到的困难。因此，受教育程度会直接影响人力资本的积累，这会对经济的发展产生长远的影响。

第四节　黔南经济发展对教育的影响研究

一、经济发展促进了教育的发展

（一）经济发展促进了教育投入的增加

教育是高层次需求，当人们收入水平不高时，人们更关注生存和安全，对教育质量的需求并没有那么强烈。随着黔南经济的快速发展，人们的收入也快速增长，人们的生存需求和安全需求已经满足，人们对高质量的教育产生了强烈的需求，迫切需要提高教学质量。例如，三都县某镇引

---

[1] 何惠菊，韦艳萍，魏萍，等. 三都水族自治县0~6岁儿童智力低下的现患率调查及影响因素分析 [J]. 中国妇幼保健，2013，28（13）：2103-2106.

进社会资本兴办一所幼儿园，该幼儿园教学条件好，师资力量强，结果发现人们宁愿送孩子到条件差、师资不足、老师学历水平低的幼儿园，而不愿意送孩子到该幼儿园。主要原因是这所幼儿园收费高，当地村民收入低，不愿意为高质量的幼儿教育支付高的费用。相反，凡是在城里开办的幼儿园，只好教育质量好，不管多贵，人们都会排队入学，因为城里的收入相对较高，人们愿意为高质量的教育支付高的费用。所以，当人们的收入提高时，就会产生对高质量教育的需求。教育具有明显的正外部效应，教育培养人才不仅有利于受教育者个人和教育部门，更有利于促进经济增长、技术进步和社会治理的改善，对整个社会、对每个人都是有益的。为了追求更高水平的教育，不仅需要个人增加教育投资，而且需要政府增加公共教育投资。教育具有公共产品的属性，学生人数较少时，增加一个学生，新增加的成本微乎其微，即教育具有一定的非竞争性。但随着经济的发展，人们的收入普遍增长，人们普遍追求高质量的教育时，优质的师资、校舍、实验仪器设备等就会显得紧张，从而产生拥挤成本，这就需要政府增加教育投资。黔南州教育财政预算支出正是顺应黔南人们的需求而迅速扩张的。

随着经济的发展，财政收入也水涨船高，政府有能力增加教育投资，政府顺应人们的需求，大幅度增加教育投资。1998年，黔南州教育财政预算支出为2.29亿元，到2018年，已经达到83.11亿元，是1998年的36.29倍。教育财政预算支出占GDP的比例也快速增长，1988年该比例为2.58%，到2018年，该比例已经增长到6.33%。这说明黔南州对教育越来越重视。随着教育的公共投资增加，教育的私人投资也在增长，现在黔南人民对孩子的教育支出相比以往有了大幅度提高，人们为孩子学习购买的书籍、文具等不仅数量大大增加，而且质量也大大提高。过去，孩子上学主要是步行，现在人们选择用车辆接送孩子。

（二）经济发展促进了教学条件的改善

伴随着教育投入的增加，教学条件明显改善，简陋的校舍已经被现代的教学楼取代；运动场地硬化，很多学校已经建设了标准化运动场，铺设了塑胶跑道；相比以往，教学仪器配置更为丰富和先进，很多学校配置了信息室、音乐室和舞蹈室。教师素质大幅度提高，过去黔南州不仅教师数量不足，而且整体水平较低，民办代课教师占相当大的比例。1980年黔南州民办代课教师达9867名，占教师总数的42.5%。[①] 随着经济的增长，黔南州投入大量资金用于教师学历培训，提升教师的教学技能，大幅度提高教师工资和福利待遇，吸引优秀的人才从事教育，教师的学历水平大幅度提高，代课教师基本上退出了历史舞台。而且教师分工明确，不再有像过去那样由一个代课教师兼任多门课程的情况。建设了信息化教室，各地学生可以通过信息化教室分享优质教学资源。

（三）经济发展促进了教学质量的提升

随着经济的发展，人们的收入快速增长，人们不仅增加了对教育的需求，而且增加重视教学质量。首先，人们希望轻松快速地掌握所学知识，传统的一支粉笔、一本教材的教学方式显然不能满足人们的需求。为了顺应人们的需求，学校也在探索各种教学方式，如举办教学技能大赛以提高教学技能，进行各种形式的教学改革，探索最有效的教学方式。2001年，贵定县列入国家级课改38个实验区之一，2002年，已"普九"县市稳步进入课改实验，2007年全州整体进入新课改，都匀一中、都匀二中、荔波县民族中学参加高中新课程改革试点。[②] 引进多媒体等现代教学工具，丰富教学手段，近年来还把互联网引入课堂，构建"互联网+教育"，进行的翻转课堂、智慧课堂等教学。目前，各校正在走开放办学、集团办学的模式，以共享优质教育资源。例如都匀市建立了十中教育集团、六小教育集

---

① 欧开灿，邹永东，石明光．黔南教育改革发展30年成就概述［J］．贵州教育，2009（12）：4-7.
② 欧开灿，邹永东，石明光．黔南教育改革发展30年成就概述［J］．贵州教育，2009（12）：4-7.

团、二幼教育集团等9个教育集团，集团内统一管理，优质教育资源共享，师资相互流动。这样有效缩小了教育资源配置的不均衡，满足了人们对优质教育的需求。其次，随着经济的发展，人们不仅重视知识的学习，还注重综合素质的培养，人们越来越重视信息技术、美术、音乐、体育等课程的学习，很多学校专门开设了特长班，对有这些方面特长的学生进行专门培训。例如，2018年，都匀市计划在3年内打造10所全国校园足球特色学校。再次，随着经济发展，尤其是民族旅游的发展，人们意识到民族传统文化的价值，开始重视民族传统文化教育，很多学校根据本地生源的情况，将本地民族传统文化融入教学。例如，一些小学，过去经济发展水平比较低的时候，学生只会民族语言，而不懂汉语，老师为了更好地教学，就将汉语转化为民族语言教学，实行双语教学。这个时候人们认为民族语言阻碍了教育，希望尽快学会汉语、汉字，以提高学习效率。现在，小学生已经不说民族语言了，但人们意识到民族文化的重要性，为了保护和传承民族传统文化，学校又开始用民族语言教学。有些学校开始教授民族歌舞、民族文化，并将民族文化融入教学之中，有的学校甚至组织民族表演队伍到外地汇报演出。为了顺应人们的这一需求，黔南州人民政府办公室制订了《黔南州民族民间文化传承与发展行动方案》，并下发了《黔南州人民政府办公室关于大力推进民族文化进校园三年行动（2018—2020年）工作的通知》，推动民族文化进校园。最后，过去经济落后，人们希望孩子接受教育后，能够最终脱离农业，过上好的生活，所以那时的教育都以升学为唯一目标，但由于名额有限，很多学生无缘升入高中，就此辍学。这些学生不会农活，没有社会经验，不会经商，也没有其他技能，在就业市场上无法与经验丰富的求职者竞争。后来经济发展了，经济发展促进了人们与外界的交流，人们的视野也逐渐开阔，人们意识到教育的目的就是为了让孩子未来能够获得更好的生活，升学不是唯一的途径，更何况不可能每个人都能考上大学。经济发展也为当地就业、创业提供了丰富的机会，于是人们开始重视职业技能的教育。顺应人们教育需求的这一转变，普通学校也开始重视职业技能的教育,开设了相应的课程。同时,职业中学、技校等学校纷纷建立并扩大规模,职校学生人数迅速增长。

二、经济发展促进了教育观念的变迁

(一) 经济发展影响人们对教育的重视程度

总体来看,随着经济的发展,人们对教育的重视程度越来越高。收入水平越高的群体对教育越重视。例如城镇居民,特别是高收入群体对教育非常重视,城郊居民对教育较重视,富裕的农村居民对教育也比较重视,有些人为了让子女接受好的教育,直接在城镇租房,一边打工,一边陪孩子读书。子女在教育上的成功是他们最大的成功,他们为此非常自豪;在他们眼中,教育的目标不是为了获取高的收入,而是为了获得一定的社会地位。相反,低收入者更希望其子女通过教育获得一个收入不错的工作,当预期教育投资的收益不高时,他们对教育就不太重视了。例如,有些农民观察到升学率不高或大学生找不到工作时,就不再高度重视其子女的教育。

(二) 经济发展影响教育的性别选择

改革开放前,黔南农村以农业为主,自给自足,经济落后。那时候黔南农民有多子多福的观念,一对夫妇常常生育多个子女。由于收入低,人们没有能力供养每个子女读书,需要在多个子女之间进行选择。女孩长大后要出嫁,变成了别人家的人,还要给予丰厚的嫁妆。出嫁后,女孩就不再负责父母养老、祖先祭祀、扫墓等事务,所有的事务都需要男孩承担。因此,人们认为女孩是"赔钱货",花钱让女孩读书无用,自然不愿意供养女孩读书。另外,由于经济自给自足,家里所有人的服饰,尤其是节日服饰、结婚礼服都需要妇女制作,刺绣技能对女孩来说是最重要的技能,如果不会刺绣或技能太差就会被人耻笑,因此,女孩从小就要学习这一技能，人们更重视女孩对这一技能的学习，而不是上学。所以，改革开放前黔南女孩读书的少，即使读书也会早早辍学。随着经济的发展，人们的收入逐渐提高，人们有能力供养所有的子女读书。另外，人们纷纷外出打工，传统刺绣技能无用武之地，用人单位看重的也是文化程度，人们意识到教育的重要性。经济的发展，特别是民族旅游和民族文化产业的发展，使人们意识到民族传统文化的价值，民族传统文化走进校园，很多学校开设了民族刺绣课程，读书和刺绣两不误。因此，人们开始重视女孩教育，女孩上学的比例越来越高。

三、产业结构对教育的影响

（一）产业结构影响高校专业结构

产业的发展需要相应的专业人才，产业结构变化会引起人才需求的变化。一般来说，哪种产业发展快，哪种产业所需要的人才就越稀缺，就会产生对该类人才的强烈需求，这就会对社会产生影响。一方面，它会影响人们对于专业的选择。该产业发展快，就意味着提供的就业岗位多，工资水平增长快，学习该产业相关知识就容易就业，收入也有保障，人们就会产生学习该产业相关知识的强烈需求。另一方面，高校是为地方经济、社会发展服务，为地方培养人才，当产业结构发生变化时，为了满足社会对专业人才的需求，高校会随之调整相应的专业结构。因此，产业结构的变化也会使高校的专业结构发生相应的变化。

黔南州民族文化丰富多彩，近年来，黔南州充分利用民族文化资源和自然景观，大力发展民族文化旅游业和民族文化产业，产生了对旅游、文化产业相关人才的需求。顺应社会的这种需求，黔南民族师范学院成立了旅游与资源环境学院，除了继续发展壮大旅游学专业以外，又新增开设了酒店管理专业、文化产业管理专业。民族文化旅游的发展，使人们意识到民族传统文化是重要的资源，需要保护和传承；为了适应这种需求，历史与民族学院增开了民族学专业。世界最大的射电望远镜 FAST 落户黔南州平塘县，产生了对天文学、天文旅游等相关人才的需求；为了满足这一需求，物理与电子科学学院开设了天文学专业。黔南州农村产业革命、乡村振兴等产生了对乡村规划、乡村治理等方面人才的需求；为适应这一需求，经济与管理学院除了继续做强农林经济管理、行政管理等专业外，又新增了农村区域发展专业。

（二）产业结构影响基础教育的教学内容和方式

基础教育主要是进行通识教育，产业结构的变化对基础教育的影响不大，但是也通过多种途径对基础教育产生了一定的影响。一是影响教学内容。过去，黔南州以农业为主，人们没有意识到民族传统文化的价值，认为开设民族传统文化课程是纯粹浪费时间，反对在中学开设民族传统文化类的课程，要求把所有的时间和精力都用于语文、数学等知识的学习，学校自然也不会开设这类课程，只是引入民族语言辅助教学。随着民族旅游、民族文化产业的发展，人们发现民族文化的魅力，不再反对在中小学开设民族传统文化课程。中小学也发现，把传统文化融入教学之中，更能激发学生的学习兴趣，使知识内容更易于理解，更能提高教学成绩。随着民族旅游业的发展，人们开始担忧对民族传统文化的保护和传承问题，希望通过民族文化进校园等活动促进民族传统文化的保护和传承。中小学发现，学校引入民族传统文化能够突显自己的办学特色，扩大社会影响力。于是民族传统文化走进校园，在重大民族节日的庆典之中，中小学生的民族文化表演总能引来游客的阵阵掌声。二是影响教学形式。随着旅游业的兴起，出现了旅游与教学相结合的一种教育形式，即"研学"。在黔南建设了一批研学基地，如平塘的"中国天眼"研学旅行示范基地、都匀螺蛳壳的茶旅融合研学实践基地等。黔南州人民政府办公室也印发了《黔南州关于支持和鼓励发展研学旅行实施方案的通知》。中小学积极开展研学活动，例如，都匀三中与黔南州研学旅行社联合开展环保研学和茂兰科考研学活动，平塘县第三中学、牙舟小学、卡普小学、平塘二中分别组织开展了"生在平塘爱我家乡·访古陶·游天书·探天眼"和"天眼研学营"等活动，都匀三小、四中学生前往都匀螺蛳壳明黔茶庄进行社会实践活动，体验采茶、制茶工艺。三是影响学生学习的动力。随着民族旅游业的发展，一些村民返乡创业，遇到一系列难题，如经营问题、管理问题、与外国游客的交流沟通问题等，于是求助于子女，向子女学习如何上网、如何在网上查阅资料、如何通过网络学习相关知识、如何说简单的英语等。子女意识到知识的价值，学习主动性增强，有的为了学好英语口语，主动找外国游客交流。

第五节 教育与经济协调发展对策

教育与经济有相互促进的方面，也有不相适应的方面，只有完善教育与经济相互促进的机制，消除经济与教育不相协调的因素，才能促进教育与经济的协调发展。

一、大力发展经济，夯实教育发展的基础

经济基础决定上层建筑，经济始终是先决性的、决定性的因素，只有大力发展经济，不断提高经济总量，才能促进黔南教育的发展。北京、上海、广州经济发展快，经济总量高，其教育水平也在国内领先。从历史上看，新中国成立前，我国经济落后，教育水平也很落后，很多人都是文盲、半文盲。新中国成立后，在中国共产党的领导下，我国经济迅速发展，教育水平也迅速提高。

（一）经济发展促进教育发展的原因

1. 经济快速发展能够促进优秀的教育人才队伍的建设

经济发展能够留住和引进优秀的教育人才。优质的教育离不开优质的师资，优秀的教师能够采用科学的教学方法，化繁为简，化难为易，学生付出同样的精力和时间能够获取更多知识。优秀的教师，能够激发学生的学习兴趣，使其爱上学习，从而主动学习，而不是在老师的监督下被动学习。优秀的教师，能够带来新的思想，促进教育的改革，从而对培养目标、教学方式等各方面产生深刻的影响，对本地的教育、经济产生深远的影响。因此，发展教育，建设优秀的教师队伍至关重要。教育属于公共产品，主要由政府投资，教师的工资主要由地方财政支付。黔南经济虽然已经取得了很大的发展，但相对于发达地区来说还很落后，财政收入不足，教师工资相对较低。本地的优秀人才为了追求更高的收入，有的流向了经济发达地区，有的流向本地的其他岗位，走向教育岗位的相对较少。由于工资收入等各种条件无法满足外地优秀教育人才的需求，更无法与发达地区竞争，很难吸引到外地优秀的师资。因此，黔南的教育虽然已经取得了快速发展，但相对于发达地区来说还很落后。只有经济快速发展，税收收入才能水涨船高，政府财政收入才能快速增长，教师的工资才有保障，才能逐步缩小与发达地区的差距，才能稳定现在的师资队伍，不断吸引优秀的教育人才。

经济发展能够促进师资培训。现代教育发展日新月异，教育思想越来越丰富，教育手段越来越先进，教育方法层出不穷，闭门造车只能越来越落后，因此，教师的交流和培训必不可少。老师需要到发达地区学习先进的教育思想、教育方法和教育手段，或是邀请发达地区的老师对本地的师资进行培训，从而使本地的教育跟上时代发展的步伐。无论哪种方式，都需要资金作为保障，只有经济快速发展，资金充足，才能够进行师资培训，促进教师的成长。

经济的发展有助于促进教师自我学习和进行科研。现代社会，知识更新日新月异，教师需要不断学习，不断掌握新知识，才能把最新的知识、最好的学习方法传授给学生。教师需要不断地进行科研，对以往的教学不断地反思，不断地总结经验、吸取教训，才能不断成长；通过科研，教师紧密地跟踪现代教育的研究成果，并不断运用到教育之中，才能不断提高教育水平，提升教育质量。只有经济快速发展，教师收入水平提高，不再为衣食住行担忧，教师才能把有限的休息时间和精力用于学习和科研。

2. 经济发展为教育发展提供物质条件

优质的师资总是稀缺的，如何让偏远地区的孩子也能享受到优质的教育资源，远程教育是一个可行的途径。把优秀教师的授课影像通过网络同步传输到偏远地区的课堂，偏远地区的学生就能和名校的学生一样同步学习，共享师资，共享学习资源。但这需要满足技术前提，即网络互通可靠、电力供应稳定、视听设备齐全等，这些都需要资金支持。随着技术的发展，先进的教育手段层出不穷，发达地区纷纷把先进的技术引入教学。例如，把虚拟现实（VR）技术引入天文知识的教学，学生借助于VR技术，好似身处太空之中，在太空中遨游，亲身感受太空的神奇；把VR技术用于生物教学，学生处于虚拟现实场景之中，能亲身体验生物各器官的功能、亲身感受细胞的分裂；把VR技术用于历史教学，学生就好似穿越了时空，进入了特定的历史阶段，亲自感受当时的历史事件。这种技术手段的教学效果显然是传统教学手段所不能比拟的，但这类的先进的教学技术和手段需要大量的资金投入。纸上得来终觉浅，要想真正掌握知识，提高技能，学生就需要进行相应的实验。学校需要建设功能齐全的实验室，配备先进的实验仪器和设备，这些同样需要资金的支持。读万卷书不如行万里路，实训、研学是培养学生实践能力的重要保障，这就需要建设相应的实训基地和研学基地，还需要相应的资金支持。只有大力发展经济，财政收入提高了，政府才有能力加大教育投资，促进教育条件的改善。另外，为了加快经济的发展，政府和企业都会进行相应的基础设施建设，如改善电力、网络、通信、道路等；基础设施具有一定的非排他性，教育部门也可以共用该基础设施，这也间接促进了教育基础条件的改善。

3. 经济发展为教育的发展提供动力

经济发展需要各种各样的人才，这就会对教育提出新的需求，为了满足经济发展的需要，教育部门自然会加大培养力度。经济发展产生了诸多岗位，但每一岗位都需要掌握相应的知识才能胜任，当地人民为了获得该岗位，就会送其子女去学习相关知识，培养其所要求的技能，这对教育产生了需求。当地政府为了促进经济的发展，就会增加对教育部门的投资，以便教育部门能够培养更多更好的人才满足需要。这样就会促进教育的发展。

在现代条件下，经济的竞争最终是人才的竞争，为了增强自己的竞争能力，企业会与教育部门合作，共同投资，培养企业所需要的专业人才，这也在一定程度上推动了教育的发展。

经济的发展，为学生提供了实习、实训的机会，提高了学生的动手能力，这在一定程度上也促进了教育的发展。

经济的发展会遇到各种各样的新问题，这为高校提供了新的研究课题，高校的研究一方面帮助企业解决了发展中的难题，另一方面也为教育提供了新的素材。

经济的发展，为学生的创新、创业提供了孵化的平台，既激发了学生创新、创业的兴趣，又为企业的发展提供了新的创艺，促进企业技术不断进步。

经济的发展，缩小了本地与外地经济的差距，就业机会增加，为人们在当地就业提供了可能，从而减少留守儿童问题，促进教育的发展。

(二) 黔南州经济发展途径

1. 打好"落后"牌，发展山地高效农业

在外地人的眼中，黔南州最出名的就是其经济落后。经济落后固然不好，但如果能对其中的环境优势加以利用，就可以把"落后"变成独特的资源。正是因为经济的落后，青山绿水才得以保存，土壤大气才没有被污染，传统生产方式生产的农产品才是纯粹的绿色食品，不用过多的推广，只说出产地就让人信服，黔南具有打造山地高效农业的得天独厚的优势。目前，高端农产品是稀缺的，为了获得绿色食品，高端客户宁愿花高价购买进口食品。如果发展高端农产品，通过原产地认证，让高端客户识别出来，必然能够取得成功。

2. 用好民族性，发展民族文化产业

黔南布依族苗族自治州民族文化丰富多彩，具有发展民族文化产业的独特优势。一是可以发展民族文化旅游业。随着人们收入水平的提高，旅游成为越来越多人的选择，每到节假日，各地景点人满为患。游客追求的是新奇、休闲、获取新知识。黔南的各民族的饮食、节日、习俗等与游客日常生活中的完全不同，能够满足游客求新求异的需要；黔南农村各民族的慢生活、青山绿水等，能够满足游客休闲的需求；黔南各民族的传说、神话、历史等，无疑能够开阔游客的眼界，增加其知识，满足其获取知识的需求。安全、卫生是游客最基本的需求，黔南州应进行基础设施建设，满足游客安全、卫生等基本需求，打消游客的顾虑，从而促进黔南民族旅游业的发展。二是发展文化产业。少数民族文化赋予了民族工艺品独特的文化含义，寄托了人们的美好祝愿，如象征爱情忠贞不渝，象征健康长寿，象征幸福吉祥，等等。如果挖掘民族工艺品的这种文化含义，并能让游客识别出来，就能满足顾客的心理需求，促进民族工艺品产业的发展。少数民族历史悠久的传说、神话也是重要的文化遗产，以此为素材，创作网络小说，拍摄影视剧，制作动画、动漫，开发网络游戏，既能发挥这种资源的价值，还能带动民族旅游业的发展。

（3）找准特殊点，发展康养产业

黔南气候独特，冬天不冷，夏季不热，是夏季避暑、冬天避寒的好地方。黔南森林覆盖率高，2018年黔南全州森林覆盖率达到62%，位列全省第二。近年来，黔南州加大植树造林和退耕还林工作，力争到2020年全州森林覆盖率达65%。森林能够吸附粉尘，净化空气；树木特有的物质能够杀死病菌，能够促进人们的健康；森林能够产生氧气，吸收二氧化碳；森林能够吸收空气中的二氧化硫、氟化物、氯化物等有害成分；森林能够产生大量的负氧离子，负氧离子有抑制癌细胞的生成与变异等功能。黔南州地热资源丰富，具有发展温泉产业的优势。黔南民族医药，特别是苗药，在卫生保健等方面具有西药不可比拟的优势。黔南各民族的舞蹈、健身运动等不仅有趣，而且能够促进身体健康。因此，黔南州具有发展康养产业的独特的优势，黔南州可以挖掘这些独特的资源，针对顾客的需求，打造一些康养、养生项目，促进黔南经济的发展。

二、在经济发展中探索教育均衡发展的途径

（一）均衡发展经济，促进教育公平发展

如前所述，黔南经济发展不平衡，是留守儿童教育问题、随迁农民工子女教育问题以及教育不公平的根源；为了减少这类问题，需要促进经济的均衡发展。黔南经济发展不均衡的原因有以下几个方面。

经济发展梯度的不同。由于省会优势，贵阳形成了经济增长极，资本、技术、资源等向周边扩散。黔南州的一些县市，如龙里县，距贵阳市中心仅33千米，交通发达，高速公路、高铁四通八达，距离龙洞堡国际机场仅28千米。由于这样的优势，该县易于接收贵阳扩散的资本、技术、人才等，从而经济发展较快。而另外一些县市，特别是农村地区，距离贵阳较远，交通、通信等基础设施较差，不易受到贵阳扩散效应的影响。

资源优势的不同。黔南州有些县市，如瓮安县和福泉市，拥有丰富的磷矿资源，依托该资源优势发展磷化工产业，经济发展较快。而其他县市，特别是农村地区，资源匮乏，经济发展较慢。

基础设施的不同。黔南州各地的基础设施差异很大，特别是城乡差异

更大。城镇地区交通、通信基础设施条件好，教育较发达，是人才的聚集地，具有投资的优越条件；而农村地区各方面条件落后，资金、人才等外流，投资条件差。因此，企业选择城镇投资而不是农村，从而导致城乡经济发展不平衡。

正是由于这些客观因素的影响，黔南经济发展不平衡，不仅影响教育，而且也不利于经济的持续快速发展。例如，由于收入差距大，导致需求不旺，内需不足，产品销售困难，自然制约经济的进一步发展。因此，需要采取措施，促进经济的均衡发展。均衡发展不是让发展快的地区慢下来，而是要让经济发展慢的地区快起来。一要改善落后地区的基础设施条件，为承接发达地区的产业转移提供条件。二是要找准自身发展的优势。一些经济落后的地方也有丰富的资源，如青山绿水，多姿多彩的民族文化等，可以发展高端农业，民族旅游业和文化产业，促进经济的快速发展。

（二）学校适当集中，集聚优质教育资源

经济发展不平衡是绝对的，均衡发展是相对的，即使均衡发展也需要一个长期的过程，因此，不能仅仅等待经济均衡发展来促进教育发展，而应当探索经济发展不平衡的情况下教育均衡发展的路径。具体而言，在经济发展不平衡的条件下，促进教育公平的措施如下。

适当聚居，促进教育资源的优化。在经济发展不平衡的条件下，优质教育资源向经济发达地区聚集；同时，人们为了追求优质的教育资源，也纷纷通过各种途径把子女送到城镇就读，这一个不可逆转的趋势。如果为了实现教育的均衡发展，强行把优秀的师资配置到经济落后地区，一方面，优秀的师资就会逃离本地，没有机会逃离的，也会因为生计问题而无法全身心地投入教育，被分配到落后地区的师资，因为缺乏竞争压力而不会进行学习提高，长此以往，优秀的教师也会变得平庸。另一方面，这样做进一步拉大本地教师与外地教师的待遇，难以吸引外地优秀师资流入，也会减少本地优秀人才对教师这一职业的选择，优秀师资规模会逐渐萎缩。这样，农村师资力量没有提高，城镇的教育也会被拉下水。即使把教育资源向农村倾斜，农村教育与城镇教育仍然有很大的差距，人们仍然会把子女送往城里的学校读书，投入的资源只能浪费。在经济发展不平衡的条件下，促进教育公平的措施，一是顺应城镇化的趋势和人们追求优质教育的需求，扩大城市的各类学校的招生规模，或新建学校，同时取消农村子女到城市入学的歧视性规定，让农民子女也能享受城市的高质量的教育。二是撤村并镇，聚集优质教育资源。目前，黔南州农村学校规模过小，投入的教育资源无法发挥规模经济效应，相当于资源的浪费。应当使教育资源适当聚集，扩大学校规模，以促进教育的快速发展。镇的基础设施等条件较好，很多农村人已经搬迁到镇里，镇距离自然村较近，也有利于周边村的子女入学读书，因此，把村小学、教学点合并到镇里学校，扩大各镇的学校规模，有利于优质教育资源的聚集，发挥更大的效益，对农村孩子读书的负面影响也很小。对于流出人口较多，人口较小的自然村，宜合并到镇里，既有利于优质教育资源的聚集，也有利于生产要素的聚集，为招商引资、农村产业革命提供保障。

（三）创造条件，使农民工随迁子女融入城镇

培训教师，使教师掌握农民工随迁子女的特征，因材施教。农民工随迁子女在城市就读，由于过去的生活环境与城镇差异很大，其在融入城镇的教育方面面临很大的困难。城市里的老师生活在城市里，过去所教的学生也都是城市的学生，所以老师很容易按照城市学生的规则来要求学生，没有根据学生的特点来教育，教学效果下降。为提高教学效果，可以对相关老师进行培训，让老师了解农民工随迁子女过去的生活经历、生活习惯、相关观念、特长等，使老师能够根据农民工随迁子女的特征采取针对性的教学方法，从而提高教学效果。

倡导和谐文化，消除校园欺凌和校园暴力。农民工随迁子女与城镇学生的差异，使农民工子女容易成为被歧视的对象，甚至会发生校园欺凌的

现象。为了避免这种现象的发生，可以在校园倡导尊重差异、和谐友爱的文化氛围，让学生认识到世界不是完全同一的，而是多样的，正是多样化才使世界丰富多彩，每个人都应该为多样化而高兴，而不是歧视，从而使学生从小树立多元化的世界观，学会相互尊重。

创造条件，让城市学生与农村孩子相互交朋友。城市学生对城市生活比较熟悉，而农民工随迁子女对农村比较了解，各有所长。可以创设条件，如游戏、读书会、在一起讲故事，让城市孩子与农民工随迁子女相互接触，各自分享自己的知识和长处，这样就能增进他们的关系，创造条件让他们成为朋友，各自从对方身上学到所需要的知识，共同进步，从而促进农民工随迁子女尽快融入城市。

三、科学预测，适度提前培养人才，满足经济发展的需求

经济发展需要相应的人才，如果人才不足，就会制约经济的发展。目前，黔南州各高校都是等经济发展了，发现需要哪类人才，然后才准备开设相关专业。但是，从发现人才需求，进行相关论证，制定培养方案，提出新专业申报，被教育部审批通过，到最终培养出相关的人才，往往需要很长一段时间，这就导致学校人才培养和经济发展对人才的需求出现错位，既不利于经济的发展，也不利于学校专业结构的优化。例如，黔南影视文化产业发展需要大量影视相关人才，仅影视拍摄就需要大量各种各样的群众演员，有些剧组就因为找不到合适的群众演员，拍摄困难，而不愿意入驻当地影视城。目前，黔南州虽然在大力推进黔南影视文化产业的发展，并期望带动旅游等相关产业的发展，但黔南州还没有专门培养影视文化人才的相关专业。

第六章

人才入乡的障碍与对策研究

乡村振兴,既能拉动消费,促进全国经济的发展,也能促进共同富裕。乡村振兴,关键在人才振兴,只有动员各类人才参与乡村建设,乡村振兴才能最终实现。但目前,贵州乡村年轻人不是在上学,就是外出务工。平时,走进村寨,所见之处,几乎家家关门闭户,偶尔碰见人,不是老人就是儿童,这样的状况,怎能实现乡村振兴呢?因此,需要采取措施促进各类人才入乡,带动资本和智力回流乡村,才能尽快促进乡村振兴。这里所指的人才,是指具有较高的文化程度或具有专业的技能,能够用自己独特的知识和技能服务于乡村的各类人才。人才入乡既包括城市人才在乡村投资创业,也包括拥有一定专业技术和资本的农村人才返乡创业,还包括各类服务乡村的乡镇公务员、事业单位人员等。

第一节 人才入乡研究综述

随着乡村振兴战略的推进,国内学者对于人才下乡进行了多方面的研究,取得了丰硕的成果。

一是关于人才入乡的路径研究。学者主要通过参与观察和案例剖析的方法进行研究，研究的成果不是很多。刘洪银[①]首先对返乡、下乡的人才的特征进行了研究，他发现，高校毕业生和乡村能人是返乡下乡人才的主体，人才下乡返乡存在明显的地域性差异，返乡人才从事多样化的职业，体制内人才返乡下乡面临诸多顾虑，各地区引才入乡的体制和机制具有较高的相似性。其次对阻碍人才返乡下乡的因素进行了分析，他发现，城乡基础设施和公共服务差距大、精英专长与乡村需求不一致、精英人才的贡献与家乡人的期望不对等，使乡村难以留住精英人才；农业融资困难，土地产权关系不稳定，使企业下乡投资的意愿不足；农村创业风险大，但我国缺乏创业失败的救助机制，让潜在回乡创业的大学生望而却步；农技推广体制和离岗创业机制不完善，科技人员下乡顾虑重重；乡村待遇差，对教育、医疗等的吸引力不足。他就此提出推动人才下乡的机制和建议，即加快营造文化环境、服务环境和用人环境，培育各类人才返乡下乡的内生动力；完善乡村创业支持援助机制，以成功创业留住返乡人才；畅通新乡贤返乡通道，为乡贤兴乡开辟多元化路径；加大政府资源支持，激发企业联农兴乡的动能；构建激励约束和退出机制，促进大学生下乡历练；创新体制内人事管理制度，推进科技人才入乡创业；设置组织机构和岗位平台，完善教育、医疗专业人才下乡驻点的组织机制。葛大永、国子健以江苏省徐州市丰县大沙河镇规划师下乡实践为例，结合我国历次人才下乡的经验和教训，提出江苏省规划师下乡的乡村治理模式，即将"资源本底保护—资源创新利用—资源运维营销"融合到一个闭环的生态产品价值实现路径，形成逻辑内部自洽、行动相互支撑的治理内容框架体系，实现"基因激活"；通过学农调动治理的同理心，通过助农展现办事的诚信心，通过重农激发共建的责任心，通过富农增强致富的自信心，"四心赋能"，调动各方面参与的积极性；统筹发展谋划、建设运维、品牌孵化各环节，构

---

① 刘洪银.构建人才返乡下乡的有效机制论析［J］.中州学刊，2021（04）：34-40.

建全环节的多方共治机制，实现各主体"陪伴共治"。①

　　二是关于新乡贤的研究。新乡贤既包括本地出生、在本地做出突出贡献的人才，也包括在本地成就突出、获得良好口碑的返乡人才或外来人才，因此，关于新乡贤的研究也是人才入乡研究的重要内容。这方面的研究成果很多，研究方法多种多样，最突出的是新乡贤关于乡村社会治理的研究。丁波研究发现，新乡贤通过情感嵌入、身份嵌入和治理嵌入三方面嵌入乡村社会，通过融入治理主体、进入乡贤组织和道德权威评价等路径嵌入乡村治理场域，能够有效重构乡村治理。② 新乡贤返乡治村，不仅能够优化乡村治理主体结构，推动治理主体多元化和治理策略多样化，而且可以培育村民现代价值观念，促使村民增加公共理性和规范自身行为。宣朝庆、常志静、郝晶以韩国新村指导者培养的生发过程为研究素材，对在地乡贤作为现代与传统的冲击与弥合点、乡贤内外双重合法性权威的来源，以及基层党组织与在地乡贤的职能分工等方面进行考察，提出中国在地乡贤培养与塑造的途径。③ 王琦通过对徐州市两镇新乡贤参与乡村治理实践的剖析，探讨了新乡贤参与乡村治理的现实需求、理论基础与机制创新，他发现：中国特色的社会协同治理理论为新乡贤参与乡村治理提供了理论支撑；政府动员是新乡贤积极参与乡村治理的动力机制；新乡贤通过上传下达、调解纠纷和道德教化等方式，能够提升乡村社会自治、法治和德治建设的水平。④ 丁梦琪、程雯雯研究发现，新乡贤凭借技术、资金、道德声望等资源和能力，逐渐成为乡村网格化治理的新力量。她们将把乡贤划分为技术型乡贤、任务型乡贤和道德型乡贤，并分析了各类新乡贤参

---

① 葛大永，国子健. 基于人才下乡背景下的乡村治理模式探索——以江苏省丰县大沙河镇为例 [J]. 小城镇建设，2022，40（08）：59-65.
② 丁波. 嵌入与重构：乡村振兴背景下新乡贤返乡治村的治理逻辑 [J]. 求实，2022（03）：100-108，112.
③ 宣朝庆，常志静，郝晶. 乡村振兴与在地乡贤培养：基于韩国新村指导者的考察 [J]. 浙江学刊，2022（05）：111-119.
④ 王琦. 新乡贤参与乡村治理：现实需求、理论基础与机制创新—以徐州市两镇为例 [J]. 民间法，2022，29（01）：173-188.

与乡村网格化治理的内在机理，最后构建出一条以新乡贤为治理主体、居民参与为治理内容、网格为治理结构的乡村治理新路径。①

三是关于返乡创业的研究。返乡创业是人才入乡的重要渠道，学者对此进行了深入研究，研究方法多种多样，既有田野调查，也有构建实证模型进行经验研究。武汉大学国家发展战略智库课题组通过对湖北省枝江市、武汉市黄陂区和黄冈市人才返乡创业的情况调研，分析了返乡创业的特征，他们发现，农民工仍是返乡入乡创业的主力，高校毕业生已成为新的增长来源，返乡创业者以男性为主，创业组织形式绝大部分为个体工商户，主要利用互联网从事电商行业。②王轶、王香媚对农民工返乡创业的绩效影响因素进行了研究，他们发现，整体上看，农民工的强、弱关系网络均能显著提升其返乡创业企业的经营绩效，农民工的强关系网络对生存型返乡创业企业经营绩效的提升更为显著，弱关系网络对发展型和价值型返乡创业企业经营绩效的提升更为显著；在东中西部地区，农民工的弱关系网络对返乡创业企业的经营绩效均具有显著正向影响，而强关系网络对中部地区返乡创业企业经营绩效的正向影响明显；农民工的弱关系网络对第二、三产业的返乡创业企业经营绩效的提升作用更显著；创新精神是农民工社会网络促进返乡创业企业经营绩效提升的作用机制。应当搭建促进返乡创业者相互交流的平台，努力实现返乡创业者强弱关系的双重嵌入，积极扩大返乡农民工的社会网络，同时要注重培养返乡创业者的创新精神，进而提升返乡创业企业的经营绩效，实现高质量发展。③刘金发以"人"为对象研究乡愁对农民工返乡创业的影响，他发现，农民工既有情

---

① 丁梦琪，程雯雯. 新乡贤参与乡村网格化治理的内在机理与路径研究 [J]. 社会科学动态，2022（09）：53-60.
② 武汉大学国家发展战略智库课题组. 乡村振兴背景下返乡入乡"创业潮"探究——基于湖北省的调查 [J]. 中国人口科学，2022（04）：115-125，128.
③ 王轶，王香媚. 农民工的社会网络能提升返乡创业企业经营绩效吗？——基于全国返乡创业企业的调查数据 [J/OL]. 华中农业大学学报（社会科学版）：1-13 [2022-10-06].

感乡愁又有身份乡愁，两种乡愁构成了"乡拉城推"的返乡创业驱动机制；乡愁驱动的返乡创业类型可分为使命型、创青春型和链接型，具有实心化乡村、反哺乡村等多重积极意义；乡愁驱动的返乡创业将成为农民工生命绵延中生计变迁的新模式、新趋向，同时也面临潜在的"城乡空转"风险。①

四是关于驻村干部的研究。驻村干部是人才下乡的重要渠道，大量干部入村，为农村发展出点子、找出路、拉投资，有效促进了农村的发展。为了更有效地发挥驻村干部的作用，许多学者对驻村干部进行了研究。为解决"政府干、农民看"这一难题，郑永君、李丹阳、阳清构建了"动员—参与"协同性分析框架，研究了驻村干部与农民的关系互动及其逻辑，他们据此提出，提升基层政府与驻村干部的回应能力、培育农民参与村庄公共治理的能力、激活村庄内生资源禀赋的方式是动员村民有效参与乡村治理、协同推进乡村善治的有效途径。② 刘畅以云南省怒江州贡山县独龙江乡民族团结创建工作为例，探讨了外生型乡村治理精英情感治理的实践过程。他研究发现，外生型乡村精英恰当运用情感因素架起国家与社会、干部与村民之间的情感链接，有效推动当地民族团结示范工作的创建过程。治理过程中，情感治理技术分为两个部分：一个是基于乡土社会文化的进入技术，一个是传承于政党情感工作传统的治理技术。二者的融合使用促使外生型乡村治理精英更好地完成治理任务。他研究认为，情感治理在技术治国的当前仍发挥着重要作用，恰当运用情感因素将对乡村振兴建设发挥重要作用。③ 刘洋、王伯承通过对省直单位驻村帮扶实践进行个案研究发现，尽管驻村帮扶干部受到科层、资源、治理等结构性约束，但他们能够利用制度优势、资源优势和专业优势，积极发挥主体优势为助力

---

① 刘金发. "返"其道而行："乡愁"建构与农民工返乡创业——基于 S 省 Y 县的扎根理论研究［J］. 济南大学学报（社会科学版），2022，32（05）：120-130.
② 郑永君，李丹阳，阳清. 帮扶实践中驻村干部与农民的关系互动及其逻辑［J］. 华中农业大学学报（社会科学版），2022（05）：157-167.
③ 刘畅. 外生型乡村精英的情感治理实践——基于独龙江乡驻村干部工作的观察［J］. 中共云南省委党校学报，2022，23（04）：130-141.

173

乡村振兴提供能动性保障。同时，驻村干部运用个人资本和个人社会资本打造村域内外的组织联结、资源联结和利益联结，充分展现帮扶行动的主体性、能动性，为顺利助推乡村全面振兴补充了强劲的主体能量。①

五是关于科技特派员的研究。科技特派员为乡村提供了农业技术服务，有力地推动了农业产业的发展，科技特派员制度也是人才入乡的重要途径。学者对科技选派员进行了相关研究，但研究成果不多。胡欣悦、黄昕、汤勇力构建离散时间风险模型，分析了科研人员参与产学研合作的倾向随时间变化的趋势，以及影响再次参与倾向的因素。结果表明，在首次参与后，随着时间推移，特派员再次参与概率显著降低；来自广东省内的特派员再次参与概率显著高于来自省外的特派员；相较于高层次院校人员，来自低层次院校的特派员更倾向于再次参与；上一次合作企业的技术创新水平越高，特派员越倾向于再次参与；学术研究能力更高的特派员，再次参与的概率更大。② 郭晨军认为利益共同体是科技特派员制度和施力于农业农村经济发展的最佳切入点，他认为利益代表、利益创造、利益调节、利益分配和利益保障的利益共同体运行机制，有助于进一步完善科技特派员制度和助推乡村振兴实现。③ 尹超、方青春、闫霞针对科技特派员作用的有效发挥问题进行了研究，他们发现，科技特派员能力有限和推广机制不完善、群众还未真正形成依靠科技兴农的思想、知识技能培训更新不充分等问题，制约了产业的发展。他们认为应当建立高效的协同联动派管机制，加大扶志扶智工作力度，加强双向学习培训和知识技能提升，严格选派条件，规范选派程序，优化工作方法，构建完善的服务体系，建立健全保障

---

① 刘洋，王伯承．主体优势与能动性联结：乡村振兴中驻村帮扶干部的行动逻辑［J］．北京科技大学学报（社会科学版），2022，38（01）：111-118．
② 胡欣悦，黄昕，汤勇力．科研人员再次参与学企人员流动的影响因素研究——基于广东省企业科技特派员计划的实证分析［J］．中国高校科技，2022（07）：66-73．
③ 郭晨军．新时代科技特派员与农户利益共同体机制分析［J］．武夷学院学报，2022，41（01）：54-62．

制度，使科技特派员制度在衔接乡村振兴工作中发挥应有的作用。[1]

总之，学者从不同角度、多种研究方法对人才入乡的相关问题进行了研究，对于人才入乡政策的制订具有重要的参考价值，能够有效提升人才服务乡村的效果。但学者对民族乡村的人才入乡问题研究得不多。现有研究虽然对于民族乡村人才入乡政策的制订有一般性的参考价值，但由于民族乡村有其自身特殊性，如民族乡村有其独特的习俗，民族乡村的地理、气候、交通等条件与其他地方不完全相同，也会给民族乡村的人才入乡带来新的障碍。为此，本文以贵州省人才入乡问题为例，通过田野调查的方法来研究民族乡村地区人才入乡的制约因素，然后提出针对性的对策。

第二节　贵州人才入乡状况

一、贵州人才入乡的规模

为了推进精准扶贫和乡村振兴工作，贵州省采取了多种措施促进人才入乡，农村人才数量显著增长，农业农村系统国有单位专业技术人员的职称结构趋于合理，农村实用人才学历层次提升明显，有力推动了贵州省的乡村振兴工作。贵州人才入乡的情况见表7-1。

表7-1　贵州人才入乡情况[2][3]

人才分布	国有企事业单位农业科研及推广人才	农村实用人才	第一书记和驻村干部	工作队
	2.2万	128万	20万	1万

---

[1] 尹超，方青春，闫霞. 科技特派员能力提升与示范推广路径的探讨——以武威市为例［J］. 甘肃农业，2021（11）：97-100.
[2] 贵州持续选派3.2万名干部驻村帮扶［EB/OL］. 贵州省人民政府网，2012-04-12.
[3] 贵州农业农村人才已达130万余人［EB/OL］央广网，2022-03-03.

续表

人才类型	农村生产型人才	农村经营型人才	特色农业产业人才	农业园区人才
	64万	12万	50.5万	13.2万
国有单位人才职称	正高	副高	中级	初级
	315	3957	9004	9661
农村实用人才学历	研究生	本科	大专	
	145	13360	32465	

二、人才入乡的方式

贵州人才入乡的方式主要有以下六种。一是第一书记、驻村干部。根据乡村需要，选派学历较高、具有专业技术的人任驻村第一书记或驻村干部。二是"校农结合"。具体做法包括：直接选派能力较强的专业人才驻村，帮助乡村解决技术或管理问题；利用高校专业知识和教育设施，为乡村培训专业人才；组建专业人才队伍，为乡村提供产业选择、技术服务、市场营销等各项服务；集中科研力量，对乡村发展遇到的难题进行科研攻关，科研成果就地转化。三是实施"双培养"工程。通过定向培养和日常培训等方式，为乡村振兴培养村级组织领军人才和后备人才。四是返乡人才。一些外出务工的村民，积累了一定的资本、人脉，具备某些方面的能力返乡创业。五是返乡大学生。一些本地大学生返回家乡创业，如贵定县山王果董事长黄训才等。六是城市人才在乡村投资创业。其他方式包括科技特派员、退役军人、退休干部返乡，对口支援，等等。

三、入乡人才政策待遇

为了提高各类人才驻村的积极性，贵州各地都出台了驻村人员的政策待遇，各个地方不尽一致，但大体包括以下四个方面：一是驻村补助，一般为55元/人/天或1100元/人/月；二是为驻村人员购买人身意外保险，保额50万元~100万元不等；三是公共交通补助，一般为每月报销2~4次往返单位和驻地的公共交通补助；四是提供必要的办公生活用品。其他的还包括体检、驻村工作补助经费、子女入学、就业、创业的优惠政策。

为了激励高校人才参与"校农结合"的积极性，高校设立了激励项目，具体包括：驻村补贴政策，与前述类似；为了激励二级学院和部门推荐教职工的积极性，对选派驻村干部的学院给予年终考核加分；给予驻村教职工工资提升一级待遇；针对帮扶村的实际需要，不定期发布校级研究课题，提供研究经费。

为了吸引农民工返乡创业，贵州省人民政府办公厅出台了《"雁归兴贵"促进农民工返乡创业就业行动计划》（黔府办发〔2015〕31号），对于返乡创业的农民工给予补贴和帮扶，具体措施包括给予一次性5000元创业补贴，3年内每月500元创业场所租赁补贴，期限在3年内的20万元创业担保贷款，财政贴息，等等。

为了促进科技人才下乡，国家出台了《国务院办公厅关于深入推行科技特派员制度的若干意见》（国办发〔2016〕32号），从工资、岗位、编制等各方面保障科技特派员的利益，打消科技选派员的顾虑，对其实行优先晋升职务职称的政策，对于创业的给予融资便利等各项激励政策。

各项政策措施的出台，有力地促进了各类人才入乡，为乡村振兴奠定了基础。

第三节 对策建议

一、优化人才入乡的环境

扩展人才在乡村发挥才能的空间。对于人才来说，发展的机会比收入、待遇更重要，如果在乡村创造人才发挥自身才能的舞台，让人才能够在乡村实现自我价值，即使条件艰苦，人才也愿意到乡村发展。例如，广西龙脊县平安寨，过去山高路险，当地是传统农业，自给自足，人们生活困苦，人才没有发挥才能的空间。在此地工作，不仅生活艰苦，而且前途渺茫；不仅外地人才不愿意去，本地年轻人也大量流失到外地。旅游开发后，需要大量有文化、懂经营的人才，这给人才提供了施展才能的舞台，人才纷纷涌入。一位酒店老板，大学毕业之后在广东一家公司做人事，当平安寨旅游开发后，他发现了发展的机会，毅然辞职返乡创业，现在其经营的酒店成为当地最成功的酒店之一。另一位酒店老板，毕业于广西医科大学，毕业后在南宁一家医院工作，当平安寨旅游开发后，她辞去了医院稳定的工作，选择到平安寨创业，现在经营两家规模较大的酒店，生意十分火爆。因此，可以在乡村创造一些发展的机会，让人才能够在乡村大展拳脚，从而吸引有志于乡村发展的人才到乡村发展。例如，可以不定期发布乡村振兴过程中所要解决的问题清单，对外招标，吸引有关的人才帮助解决等。

优化营商环境。简化投资、创业的各种手续，降低投资创业的成本。承诺的政策一定要及时兑现，同时保持政策的稳定性，降低投资创业的不确定性。例如，由地方政府出台保障措施，如备案制度、相关的法规等，使地方政府的政策不随着领导人的变更而变化，不随着风向的变化而变化，从而使人才对未来的政策有肯定性的预期，打消其顾虑，使人才愿意入乡创业发展。同时协助企业解决土地流转、用工、水电等方面的困难，让人才愿意到此地投资创业。

创建信息化平台，让人才能够通过该平台参与乡村工作。乡村条件差的问题，并不能短时间内解决。实际上，乡村工作并非一定在乡下才能完成。如果构建一个信息平台，设计一个APP，该APP与农业科研机构、高校、相关专家相连接，农户、合作社、企业遇到病虫害、品种选择、营销等问题时，可以通过文字、语音、照片、视频等方式上传自己遇到的难题、所需要的帮助，有关专家根据文字、语音描述，再分析图片、视频，给予意见和建议，就能及时解决大部分问题。确实需要现场研究、判断的，再下乡，既能减少下乡的时间，又能及时地服务乡村。

构建人才入乡网络平台，有入乡意愿的人才可以将自己的专业领域、特长等信息录入系统；农村企业、教育医疗卫生部门、合作社、种养大户、农户等可将自己在技术、管理、销售等方面的需求录入系统。该平台由专门的部门负责，对人才信息和农村人才需求信息进行甄别、匹配，并协助双方办理人才入乡的手续，解决人才入乡的困难，并对人才的贡献进行考核。

二、用大数据技术减轻入乡人才工作量

经过前期的精准扶贫工作，乡村已经积累了大量的数据信息，包括人口信息、入学信息、土地信息、产业发展信息、就业信息、婚姻信息、低保、重疾人口信息、住房信息等，如果把这些信息集成到大数据系统之中，需要的时候可以随时调用，就能减少查找、重新录入等各项重复性的工作。新增信息量少，可及时录入，及时更新。再与企业的用工系统、工资发放系统、医院的就诊系统等相连接，授予一定的权限，在权限内数据共享，就能及时更新各方面的数据。检查、考核只需要调出数据，自动生成报表；授权时，可远程查看相关数据，从而避免很多繁杂性的工作。根据年度工作计划，列出工作任务清单，再根据轻重缓急，将任务分为首要工作、重点工作、常规工作，并在大数据系统中以颜色或特殊符号标记，及时弹窗提醒各项任务的完成度，使基层人员将主要精力用于最重要的工作之上，这就能减少工作的繁杂性。同时将常规信息通过 QQ 群、微信群等向群众公开，这样就能减少因信息不对称而引起的误解。

三、多渠道保证入乡人才的利益

适当提高省级财政负担的比例，减轻地方财政的困难，保证基层人员的报酬能够及时发放。期权激励，以前一年的经济收入为基础，将经济收入新增部分的一定比例作为报酬。这样，就能激励基层人员努力工作，以提高当地的经济收入。参股当地企业或合作社，如果经营得好，就能够获得较高的

报酬，如果经营不好，就得承担损失，这样也能激励基层人员努力工作。

四、对入乡人才进行乡村社会、文化教育

在入乡前对人才进行入乡地的社会情况、文化习俗等方面的培训，让人才知道如何与当地群众打交道，以便人才入乡后能够尽快融入当地社会，获得当地群众的认可和支持，从而顺利开展工作，带动群众发展。

五、以技术降低人才创业风险、以产业集聚降低人才创业成本

人才创业前，邀请有关专家对未来市场行情进行诊断，以降低市场风险；邀请有关专家对当地的地理、气候等进行监测，再根据农作物栽培的要求，确定种植的技术方案，以降低自然风险。通过产业规划、企业联合等途径适度提高乡村产业集聚度，通过共享劳动力、共享农业设施、共享物流、共享广告等方式来降低创业成本。

六、人才甄别

由于信息不对称，有的人并不具有真才实学，但为了获得人才的待遇，冒充人才。他们入乡后瞎指挥群众，被群众称为"砖家"，起负面作用。另一类虽然具有真才实学，但入乡是为了追求个人的利益，入乡后可能为了个人利益而损害群众和地方利益。因此，在入乡前需要对人才进行甄别，具体的措施为：设计报酬（不仅指收入，还包括荣誉等奖励）方式，人才的报酬分为固定待遇和浮动待遇两部分，浮动部分根据人才的贡献决定，设计多种固定待遇和浮动待遇的组合，由"人才"进行选择。具有真才实学、真心为老百姓做实事的，预期能够通过其能力和工作态度取得好的经济效益和社会效益，"低固定待遇+高浮动待遇"的报酬方式更好，他们会选择这种方式；不具有真才实学或不是真心做事业的就会选择"高固定待遇+低浮动待遇"的报酬方式，这就能将"人才"区别开来。

第七章

我国城乡经济协同发展实证研究

第一节　问题提出

经济政策的有效性依赖于对产业增长的特征和对产业的相互作用的认识。目前各地正在积极探索乡村振兴的途径，有的学者发现乡村振兴缺乏必要的人才，认识到人才在乡村振兴中的重要作用，主张通过"培养本土人才，鼓励外出能人返乡创业，鼓励大学生村官扎根基层，为乡村振兴提供人才保障"。① 乡村振兴固然需要人才，但是完全依靠农民工返乡创业又是不现实的。配第②、费希尔③、克拉克④研究发现，随着经济的增长，劳动力先是从第一产业向第二产业转移，然后再向第三产业转移，这是一个不以人的意志为转移的过程。因此，随着我国经济的发展，劳动力还会继续从乡村转移出去。我国正逐渐进入老龄化社会，第二产业和第三产业对劳动力的需求将进一步增加，各产业对人才的竞争将更加激烈，如果乡村

---

① 李佳芸. 为乡村振兴提供人才保障 [J]. 社会主义论坛，2022（03）：19-20.
② 威廉·配第. 政治算术 [M]. 陈冬野，译. 北京：商务印书馆，1960：19-20.
③ FISHER A G B. The Clash of Progress and Security [J]. Economica, 1937, 4 (13): 99.
④ CLARK C. The Conditions of Economic Progress [M]. London: Macmillan And CO., limited, 1940: 182-183.

劳动生产率继续低于城市，乡村将在人才竞争中处于劣势地位。农民工返乡创业仍然存在诸多困难，乡村人才流失严重。① 那么，是不是任由乡村衰落呢？自然不是，如果乡村衰落，农民的收入过低，那么有效需求必然不足，制约消费的扩张，导致商品销售不畅，最终制约城市经济的发展。根据刘易斯的二元经济理论，随着农村劳动力向城市转移，人均土地等资产增加，农村劳动生产率逐渐提高，最终农村劳动生产率等于城市劳动生产率，如果不进一步提高工资，农村劳动力不再向城市流动，即出现了刘易斯拐点。② 乡村经济自然也会发展。城市经济的发展也会促进农业机械、种子、化肥等农业生产资料的技术进步，促进农业的发展。因此，为了促进经济的健康协调发展，不能局限于当前经济，还要弄清楚城乡经济之间的关系，即随着经济的发展城乡经济是相互促进的还是相互抑制的，抑或独立发展的。为此，本文通过构建模型，首先研究城乡经济规模的扩张对自身经济的进一步增长是起促进还是抑制作用，然后再研究他们之间的相互关系。

第二节　城乡经济增长的特征

产业规模的扩大产生产业集聚，产业集聚使社会分工进一步细化，企业之间的联系加强，资源得到更进一步的高效利用，即产生集聚经济效应。这会产生两方面的效益，一是发生在同行业内部，即同类产业的集聚会产生规模经济性，从而提高本产业的经济效益，这被称为本地化经济③；二是不同行业的企业在空间的集中，他们相互联系，产生知识外溢和知识

---

① 刘养卉，何晓琴. 乡村振兴战略背景下乡村人才振兴困境及其路径研究——基于甘肃省的调查研究［J］. 生产力研究，2022（02）：98-102.
② 吴伟伟. 刘易斯拐点、农业生产决策与环境效应［M］. 北京：社会科学文献出版社，2018.
③ MARSHALL A. Principles of economics［M］. London：MacMillan，1962.

<<< 第七章 我国城乡经济协同发展实证研究

共享，相互促进技术水平的不断进步，从而产生跨行业的经济外部性，这称为城市化经济。[1] 内生经济增长理论认为经济增长会产生知识溢出、技术进步[2]和人力资本积累,[3] 不依赖外力的推动也能实现经济的增长，其本身就是经济增长的动力。

但是，经济的扩张一方面会导致资源的价格上涨，成本上升；另一方面又会导致需求逐渐饱和，从而出现消费不足，销售困难的情况。经济扩张还会使企业之间的竞争加剧，为了扩大市场份额，企业之间的竞相降价会降低企业的利润水平，进而导致研发支出不足，技术进步缓慢，制约经济进一步发展。

我国城乡经济的扩张对其增长有何影响呢？为此构建如下模型：

$$\frac{dy}{dt}=r_1y+kk^2 \cdots\cdots\cdots\cdots\cdots\cdots (1)$$

其中：y 表示经济的规模，t 表示时间，r，k 是常数，其中 $r>0$。如果 $k<0$，式（1）是典型的 logistic 函数，其中的 ky^2 表示经济扩张对经济增长的阻滞作用，此时产业先是递增地增长，然后递减地增长，最后达到其最高值。如果 $k>0$，ky^2 表示经济扩张对经济增长的加速作用，即经济不仅会持续增长，而且会加速度扩张。

式（1）实际上是一个常数项为 0 的二次函数，为了研究方便，将其写成一般形式：

$$\frac{dy}{dt}=c_1y+c_2y^2 \cdots\cdots\cdots\cdots\cdots\cdots (2)$$

其中 c_1，c_2 是常数。

乡村经济主要由第一产业构成，这里用第一产业代表乡村经济；城市

---

[1] JACOBS J. The economy of cities [M]. New York: Random House, 1969.
[2] ROMER P M. Increasing returns and long-run growth [J]. Journal of Political Economy, 1986, 94 (05): 1002-1037.
[3] LUCAS R E. On the Mechanics of Economic Development [J]. Journal of Monetary Economics, 1988 (01): 3-42.

经济主要由第二产业和第三产业所构成，这里用二、三产业代表城市经济。接下来用城乡经济的实际数据对式（2）进行拟合。y 用城乡经济 1978—2020 年的 GDP 表示，数据来源于各年《中国统计年鉴》，为了消除价格的影响，用 GDP 除以当年的商品零售价格指数（1978 年指数为 100），用 y_c，y_r 分别表示城市和乡村的实际 GDP。由于是年度数据，将式（2）中的变量进行离散化，用 $y(t+1) - y(t)$，$(t=1, 2, \cdots 41)$ 表示 $\frac{dy}{dt}$，用相邻两年的平均值 $\frac{y(t+1) + y(t)}{2}$，$(t=1, 2, \cdots 42)$ 表示 y。用 matlab 拟合工具箱进行拟合，结果如下：

$$\frac{dy_r}{dt} = 0.08418 y_r - 0.0002238 y_r^2$$
$$\frac{dy_c}{dt} = 0.1699 y_c - 6.407 \times 10^{-5} y_c^2$$ ……………（3）

由式（3），城乡经济拟合的结果的二次项的系数均为负值，表明我国城乡经济的发展均表现出 logistic 曲线的特征。这表明，如果城乡经济都独立地发展，最终都会遇到资源的约束，即城乡经济都表现为先加速增长，然后减速增长，最后达到增长的极限值。

第三节 城乡经济的相互作用

城市经济的发展一方面会将乡村的劳动力、资金等生产要素吸引到城市，另一方面将农业技术通过农业机械、种子、化肥等扩散到乡村，带动乡村经济的发展。法国经济学家 F. Perroux 最早提出了增长极理论，他认为增长以不同强度首先出现在增长点或增长极，然后通过不同的渠道对外扩散，而且对整个经济具有不同的终极影响。① 我国城市是生产要素和科技的聚集地，目前城市经济的发展远远快于乡村经济的发展，城市经济具有典型的增长极的特征。按照增长极理论，城市经济先增长，最初极化效应占主导，将乡村资源吸引到城市，然后扩散效应占主导，带动乡村经济的发展。Myrdal 提出了回波效应的概念，是指区域发展给其他区域的发展带来的所有不利影响。② 他认为一种变化一旦发生，整个体系就会沿着这个变化的方向一直发展下去，由于循环因果关系的作用，整个体系会加速地发生变化。③ 按照这种理论，我国城乡经济的发展就会出现这样的图景，即在改革开放背景下，我国城市经济率先快速增长，然后不断从乡村吸收劳动力、资金、资源，这反过来就会进一步加快城市经济的增长，使城乡经济的差距越来越大。

根据前述分析，城乡经济增长的作用主要表现为以下特征：一是经济增长对自身经济的作用，主要表现为集聚经济效应和资源约束。如果经济的增长引起产业聚集，分工细化，促进了知识共享、知识外溢、共享销售市场和劳动力市场，出现规模经济和范围经济，使生产率提高，反过来对自身经济的增长起促进作用，这就是集聚经济效应；如果经济的增长消耗更多资源和劳动力，使有限的资源和劳动力更为紧张，导致资源和劳动力价格上涨，从而制约其进一步扩张，这就是资源约束。二是一方的经济增长对另一方的作用，也主要表现为两个方面，即极化效应和扩散效应。如果一方的经济增长不断将另一方的劳动力、资金、资源等吸走，对另一方的经济增长起制约作用，这就是极化效应。如果农村经济对城市经济出现极化效应，说明劳动力、资源等开始回流乡村，刘易斯拐点开始出现。如

---

① PERROUX F. A Note on the Notion of Growth Pole [J]. Applied Economy, 1955 (1/2): 307-320.
② MYRDAL G. Economic Theory and Under developed Regions [M]. NewYork: Harper&Row, 1957.
③ 韩纪江，郭熙保. 扩散—回波效应的研究脉络及其新进展 [J]. 经济学动态，2014 (2): 117-125.

果一方经济的增长对另一方经济的增长起促进作用,即一方的经济的增长促进了科技、生产资料等向另一方的转移,增加了对另一方产品的需求,促进了另一方经济的发展,这就是扩散效应。城市经济对农村经济的扩散效应主要表现了城市经济的增长促进了农业机械、种子、化肥、农药等技术的进步,使农业的生产效率提高。农村经济对城市经济的扩散效应主要表现为农村经济的增长为城市经济的增长提供充足的原材料、农产品,同时增加了对工业产品的需求,从而促进城市经济的增长。

我国城乡经济具有什么样的特征呢?下面对此进行分析。

考虑乡村经济和城市经济的相互作用,二者之间的关系可用式(4)(5)表示。

$$\begin{cases} \dfrac{dy_1}{dt}=r_1y_1(1+k_1y_1+k_{12}y_2) & \cdots\cdots (4) \\ \dfrac{dy_2}{dt}=r_2y_2(1+k_2y_2+k_{21}y_1) & \cdots\cdots (5) \end{cases}$$

式(4)右边的括号中的 k_1y_1 表示乡村经济规模扩张对自身经济增长的影响,如果 $k_1>0$,说明集聚经济占主导,乡村经济扩张促进产业集聚,能加进一步加快自身经济增长的速度;如果 $k_1<0$,说明经济增长受到资源的约束,乡村经济扩张进一步造成资源的紧张,阻滞本产业进一步增长。$k_{12}y_2$ 表示城市经济规模的扩张对乡村经济增长速度的影响,如果 $k_{12}>0$,说明扩散效应占主导,城市经济规模的扩张促进了乡村经济的增长;如果 $k_{12}<0$,说明极化效应占主导,城市经济的规模扩张,将农村的劳动力、资金等吸引到城市,城市经济的发展对乡村经济起阻滞作用。式(5)表示右边括号中的 k_2y_2 表示城市经济规模的扩张对自身经济的作用,如果 $k_2>0$,说明集聚经济占主导,城市经济规模的扩张促进产业集聚,产生集聚效应,能加进一步加快自身经济增长的速度;如果 $k_2<0$,说明经济发展受到资源的约束,城市经济规模的扩张使资源更为紧张,使本产业的进一步增长受到限制。$k_{21}y_1$ 表示乡村经济规模的扩张对城市经济增长速度的影

响，如果 $k_{21}>0$，说明扩散效应占主导，乡村经济规模的扩张使农村劳动生产率提高，为城市经济的发展提供更为廉价、充足的生产和生活资料，促进了城市经济的增长；如果 $k_{21}<0$，说明已经出现刘易斯拐点，表示农村的规模扩张吸引劳动力、资金等生产要素回流乡村，乡村经济的发展阻碍城市经济的进一步发展。

式（4）（5）可以进一步写成一般形式：

$$\begin{cases} \dfrac{dy_1}{dt}=u_1y_1+u_{11}y_1^2+u_{12}y_1y_2 \cdots\cdots\cdots\cdots (6) \\ \dfrac{dy_2}{dt}=u_2y_2+u_{22}y_2^2+u_{21}y_2y_1 \cdots\cdots\cdots\cdots (7) \end{cases}$$

为了便于用数据进行拟合，对式（6）（7）离散化。

用 $y_1(t+1)-y_1(t)$，$(t=1,\cdots,41)$ 表示 $\dfrac{dy_1}{dt}$，用列向量 Y_1 表示，即：

$$Y_1=[y_1(2)-y_1(1), y_1(3)-y_1(2), \cdots, y_1(42)-y_1(41)]^T$$

用 $y_2(t+1)-y_2(t)$，$(t=1,\cdots,41)$ 表示 $\dfrac{dy_2}{dt}$，用列向量 Y_2 表示，即：

$$Y_2=[y_2(2)-y_2(1), y_2(3)-y_2(2), \cdots, y_2(42)-y_2(41)]^T$$

用 $\dfrac{y_1(t)+y_1(t+1)}{2}$，$(t=1,\cdots,41)$ 表示 y_1；用 $\dfrac{y_2(t)+y_2(t+1)}{2}$，$(t=1,\cdots,41)$ 表示 y_2。

$U_{12}=[u_1 \quad u_{11} \quad u_{12}]^T$，$U_{21}=[u_2 \quad u_{22} \quad u_{21}]^T$

$$A_1 = \begin{bmatrix} \dfrac{y_1(1)+y_1(2)}{2} & \left(\dfrac{y_1(1)+y_1(2)}{2}\right)^2 & \dfrac{y_1(1)+y_1(2)}{2}\dfrac{y_2(1)+y_2(2)}{2} \\ \dfrac{y_1(2)+y_1(3)}{2} & \left(\dfrac{y_1(2)+y_1(3)}{2}\right)^2 & \dfrac{y_1(2)+y_1(3)}{2}\dfrac{y_2(2)+y_2(3)}{2} \\ \vdots & \vdots & \vdots \\ \dfrac{y_1(41)+y_1(42)}{2} & \left(\dfrac{y_1(41)+y_1(42)}{2}\right)^2 & \dfrac{y_1(41)+y_1(42)}{2}\dfrac{y_2(41)+y_2(42)}{2} \end{bmatrix}$$

$$A_2 = \begin{bmatrix} \dfrac{y_2(1)+y_2(2)}{2} & \left(\dfrac{y_2(1)+y_2(2)}{2}\right)^2 & \dfrac{y_1(1)+y_1(2)}{2}\dfrac{y_2(1)+y_2(2)}{2} \\ \dfrac{y_1(2)+y_1(3)}{2} & \left(\dfrac{y_1(2)+y_1(3)}{2}\right)^2 & \dfrac{y_1(2)+y_1(3)}{2}\dfrac{y_2(2)+y_2(3)}{2} \\ \vdots & \vdots & \vdots \\ \dfrac{y_1(41)+y_1(42)}{2} & \left(\dfrac{y_1(41)+y_1(42)}{2}\right)^2 & \dfrac{y_1(41)+y_1(42)}{2}\dfrac{y_2(41)+y_2(42)}{2} \end{bmatrix}$$

则式（6）(7) 的矩阵形式可以表示为：

$$\begin{cases} Y_1 = A_1 U_{12} \\ Y_2 = A_2 U_{21} \end{cases} \cdots\cdots\cdots\cdots\cdots (8)$$

运用最小二乘法，求解 U_{12}^*，$(A_1^T A_1)^{-1} A_1^T Y_1$，$U_{21}^*$，$(A_2^T A_2)^{-1} A_2^T Y_2$

运用 matlab 求解，得：

$U_{12}^* = \begin{bmatrix} 0.080591 & -0.000105 & -0.000008 \end{bmatrix}^T$

$U_{21}^* = \begin{bmatrix} 0.2276398 & 0.00001406 & -0.00136327 \end{bmatrix}^T$

将结果代入方程（6）(7)，得：

$$\begin{cases} \dfrac{dy_1}{dt} = 0.080591 y_1 - 0.000105 y_1^2 - 0.000008 y_1 y_2 \cdots\cdots (9) \\ \dfrac{dy_2}{dt} = 0.2276398 y_2 + 0.00001406 y_2^2 - 0.00136327 y_2 y_1 \cdots\cdots (10) \end{cases}$$

注意到式（9）的第二项的系数为 -0.000105，这说明我国乡村经济具有 logistic 曲线的特征，即乡村经济先以递增的速度增长，然后以递减的速度增长，最后趋于极限值。这是因为我国乡村经济的资源是有限的，尤其是其最重要的生产要素——土地是有限的，乡村经济的增长最终会受到其资源的约束。不过，随着技术的进步，乡村经济也会突破其资源的限制，加快增长。

式（9）第三项的系数为负值，说明城市经济对乡村经济的发展起阻碍作用，城市经济的增长会减缓乡村经济的增长。这是因为，城市经济的发展，一方面将农村优质的生产要素吸走。例如，随着城市经济的增长，通过教育的渠道，将农村最聪明的劳动力吸引到城市，同时通过打工的渠道，将农村青壮年劳动力吸引的城市；城市经济的发展需要大量的资金，银行等金融机构在农村设立网点，通过储蓄的方式吸收农村本就有限的资金，由于城市经济的现金流相对稳定，风险较低，银行等金融机构再通过贷款的方式把农村有限的积累转移到城市；随着城市经济的发展，城市占用了大量农村土地，为了服务于经济的发展，进行大规模的交通基础设施建设，进一步占用了大量农村土地。另一方面，城市经济的发展使农户减少对乡村经济的投入。将劳动力和资金投入乡村经济的报酬低于投向城市经济，于是农户在乡村经济中投入少量的时间、精力、资本，而将大量的时间和精力用于城市打工。例如，很多农户为了有更多时间用于打工，不再精心养护耕地，有的甚至将耕地抛荒。因此，我国城市经济仍然处于极化阶段，即不断吸收、集聚周围的资源，自我发展，但扩散效应不明显。

式（10）的第二项系数为正，说明城市经济的发展具有集聚效应，即城市经济的发展，将各种类型的企业集聚在城市，知识外溢、资源共享、协同配合，使各企业的效率提升、成本下降，进一步促进城市经济的发展。式（10）第三项系数为负，说明乡村经济的发展对城市经济的发展起制约作用，即乡村经济的发展会延缓城市经济的发展。综上所述，城市经济和乡村经济还是竞争关系，它们相互竞争劳动力、土地、资金等生产要素。很多学者发现乡村振兴人才的匮乏，呼吁城市人才返乡创业，就是这一状况的表现。

第四节 各省份城市经济与乡村经济的相互作用

各省之间的城市经济与乡村经济的关系是否表现出与全国一致的特征呢？为此，采用式（8）进行实证分析，数据取自各省 1999-2021 年统计年鉴，部分数据取自《国民经济和社会发展统计公报》。为了消除价格的影响，各年的数据除以商品零售价格指数（1978 年为 100）。实证的结果见表 9-1。

表 9-1 回归结果

	乡村经济			城市经济		
	U_1	U_{11}	U_{12}	U_2	U_{22}	U_{21}
北京	0.024572	0.142023	-0.00171	0.156852	-0.00166	0.037646
江苏	0.061051	0.011559	-0.00075	0.163437	-0.00091	0.006662
山东	0.069721	0.010282	-0.00129	0.153082	-0.00137	0.006381
海南	0.08255	0.053532	-0.01873	0.120127	-0.0383	0.118731
吉林	0.048694	0.029971	-0.00477	0.138711	-0.01161	0.05086
效应		集聚效应	极化效应		资源约束	扩散效应
湖南	0.002769	0.02274	-0.00135	0.236326	-0.00111	-0.01385
浙江	0.055122	0.006942	-0.00051	0.190203	-0.00054	-0.01606
湖北	0.061278	0.015071	-0.00178	0.251692	-0.00165	-0.00956
甘肃	0.039223	0.092893	-0.00932	0.187642	-0.00395	-0.04311
新疆	0.102061	0.002963	-0.00259	0.198731	-0.00269	-0.02284

续表

	乡村经济			城市经济		
	U_1	U_{11}	U_{12}	U_2	U_{22}	U_{21}
效应		集聚效应	极化效应		资源约束	刘易斯拐点
广东	0.058608	-0.00284	0.000163	0.303157	0.001818	-0.07191
山西	0.132166	-0.22881	0.010268	0.269405	0.007251	-0.26404
广西	0.113143	-0.01278	0.000693	0.262996	0.003738	-0.04987
青海	0.090433	-0.1782	0.018418	0.231443	0.047272	-0.71728
效应		资源约束	扩散效应		集聚效应	刘易斯拐点
江西	0.069712	0.000105	-0.00056	0.295079	0.000569	-0.06062
四川	0.009843	0.022583	-0.00202	0.262861	0.001055	-0.02855
云南	0.026143	0.04031	-0.00394	0.227271	0.007128	-0.07337
宁夏	0.048814	0.339504	-0.02684	0.293757	0.036381	-0.81452
效应		集聚效应	极化效应		集聚效应	刘易斯拐点
天津	0.071148	-0.14469	0.000693	0.126194	-0.00217	-0.12781
安徽	0.073332	-0.00499	0.000118	0.246741	-4.5E-05	-0.02873
河南	0.099185	-0.00802	0.000294	0.283885	-3.4E-05	-0.02313
效应		资源约束	扩散效应		资源约束	刘易斯拐点
河北	0.120824	-0.01188	-1.1E-05	0.214602	-0.00066	-0.01761
内蒙古	0.131338	-0.02059	-0.00052	0.263429	-0.00132	-0.0473
辽宁	0.120508	-0.0109	-0.00105	0.159459	-0.00181	-0.01017
效应		资源约束	极化效应		资源约束	刘易斯拐点

续表

	乡村经济			城市经济		
	U_1	U_{11}	U_{12}	U_2	U_{22}	U_{21}
福建	0.073571	−0.00082	−4.6E−05	0.119312	0.007635	−0.02328
陕西	0.111981	−0.00413	−0.0007	0.291249	0.003078	−0.09332
效应		资源约束	极化效应		集聚效应	刘易斯拐点
贵州	0.152164	−0.04009	0.004249	0.199962	−0.01033	0.036995
西藏	0.068112	−0.20087	0.018339	0.136767	−0.01576	0.080064
效应		资源约束	扩散效应		资源约束	扩散效应
上海	−0.0023	0.284077	−0.00159	0.139451	−0.00134	0.031453
效应	城市化	集聚效应	极化效应		资源约束	扩散效应
黑龙江	−0.01365	−0.06886	0.023516	0.099386	0.004895	−0.03116
效应	人口外流	资源约束	扩散效应		集聚效应	刘易斯拐点
重庆	0.038217	0.007021	0.000783	0.897601	−0.00731	−0.19999
效应		集聚效应	扩散效应		资源约束	刘易斯拐点

实证结果显示，我国各省市城乡经济的关系并不是同一种类型，主要有以下八类。

第一类包括北京、江苏、山东、海南、吉林。乡村经济在增长，而且产生集聚经济效应，即乡村经济的增长会吸引要素聚集，促进其加快增长；但城市经济表现为极化效应，即城市经济的发展将农村的劳动力、资源吸引走，对乡村经济的发展起阻碍作用。城市经济在增长，但遇到了资源约束，城市经济规模的扩张使资源更为紧张，限制了其进一步增长；城市经济的增长具有扩散效应，带动了农村经济增长。

第二类包括湖南、浙江、湖北、甘肃、新疆。乡村经济在增长，而且具有集聚经济的效应，即随着乡村经济的增长，逐渐实现农业机械化，生产效率提高，促进了乡村经济的进一步增长；城市经济对乡村经济具有极化效应，即城市经济会与乡村经济争夺资源，城市经济的增长对乡村经济的增长起阻滞作用。城市经济的增长遇到资源约束，城市经济的进一步增长使资源短缺更为严峻，限制了城市经济的进一步增长；乡村经济的增长对城市经济的增长也起阻碍作用，体现为乡村经济与城市经济的竞争关系，即二者为有限的资源而竞争，说明已经出现了刘易斯拐点。

第三类包括广东、山西、广西、青海。乡村经济在增长，但已经遇到资源的约束，限制了乡村经济的进一步增长；城市经济对乡村经济起促进作用，说明扩散效应占主导。城市经济的增长具有集聚经济效应，即产业的集聚使分工细化、共享市场和劳动力、产生知识外溢和知识共享，促进经济进一步增长；但乡村经济的增长对城市经济的增长起阻碍作用，即乡村经济与城市经济争夺资源，刘易斯拐点已经出现。

第四类包括江西、四川、云南、宁夏。乡村经济在增长，而且体现为集聚经济效应，乡村经济的增长使分工细化，劳动生产率提高，反过来进一步促进了自身经济的增长；城市经济对乡村经济起阻滞作用，表现为极化效应，即城市经济的增长不断从农村吸走劳动力、资金等，阻碍了乡村经济的增长。城市经济的增长具有集聚经济效应，即城市经济的增长引起产业集聚，产生规模经济和范围经济，促进自身经济的进一步增长；乡村经济的增长对城市经济的增长起阻滞作用，说明乡村经济的增长使资源回流乡村，制约了城市经济的进一步增长，已经出现刘易斯拐点。

第五类包括天津、安徽、河南。乡村经济在增长，但受到资源的约束，乡村经济的增长使土地等有限的资源更为紧张，限制了乡村经济的进一步扩张；城市经济对乡村经济起促进作用，即城市经济的增长促进农业机械、种子、化肥等技术的发展，提高了农业的劳动效率，表现为扩散效应。城市经济在增长，但增长受到资源的约束，限制了其进一步的增长；乡村经济对城

193

市经济的增长起制约作用，主要是因为其与城市争夺劳动力、土地等生产资料，限制了城市经济的进一步增长，说明刘易斯拐点已经到来。

第六类包括河北、内蒙古、辽宁。乡村经济在增长，但受到资源的约束，制约其进一步增长；城市经济的增长对乡村经济的增长起制约作用，城市经济的增长吸引农村劳动力、资源等流向城市，制约了乡村经济的进一步增长，说明城市经济极化效应明显。城市经济在增长，但增长受到资源的约束，制约了其进一步增长；乡村经济对城市经济起制约作用，即乡村经济与城市经济是竞争关系，它们相互争夺有限的劳动力、资金等，说明已经出现了刘易斯拐点。

第七类包括福建、陕西。乡村经济在增长，但受到资源的约束，制约了其进一步增长；城市经济的增长对乡村经济的增长起制约作用，说明城市与乡村争夺有限的劳动力、资金、土地等，制约了乡村经济的增长。城市经济在增长，而且集聚经济效应已经显现；乡村经济的增长对城市经济的增长起阻滞作用，说明刘易斯拐点已经到来。

第八类包括贵州和西藏，乡村经济在增长，但经济的增长受到资源的约束，即农村土地是有限的，农村土地已经得到充分的利用，很难有更多的土地支持乡村经济的进一步扩张；城市经济的增长对乡村经济的增长具有促进作用，城市经济已经体现出扩散效应的特点。城市经济在增长，但增长受到资源的约束，制约了其进一步的增长；乡村经济的增长对城市经济的增长起促进作用，表现为乡村经济对城市经济的扩散效应，即乡村经济的增长为城市提供了原材料和资金，同时农村消费扩张，促进了城市工业品的销售，促进了城市经济的发展。

上海、黑龙江、重庆与所有省份都不相同，都具有各自独特的经济特征。上海乡村经济增长率在下降，主要是因为城市化的发展，使农村逐渐城市化，乡村经济变成城市经济；乡村经济具有集聚经济的特征；城市经济对乡村经济起阻滞作用。城市经济在增长，但遇到资源的约束；乡村经济的增长对城市经济的增长起促进作用。黑龙江的乡村经济的增长率也开始出现下降的趋势，而且受到资源的约束，主要是因为黑龙江劳动力流出显著，乡村经济的增长受到劳动力短缺的影响；城市经济的增长对乡村经济的增长起促进作用。城市经济在增长，而且具有集聚经济效应的特征；乡村经济的增长对城市经济的增长起阻滞作用，这主要是因为劳动力的外流使乡村经济和城市经济对劳动力的竞争更为激烈。重庆乡村经济在增长，具有集聚经济效应的特征；城市经济的增长对乡村经济的增长具有促进作用，城市经济主要表现为扩散效应。城市经济在增长，但受到资源的约束；乡村经济的增长对城市经济的增长起制约作用，说明已经出现刘易斯拐点。

第五节 结论和对策建议

一、结论

城乡经济的增长是集聚经济效应主导还是受到资源的约束，城乡经济是相互促进还是相互制约，即是扩散效应占主导，还是极化效应占主导，是否已经出现了刘易斯拐点，这对于制订城乡经济发展的政策至关重要。构建城乡经济演化的动态模型，运用1978年以来的数据对上述问题进行了实证研究，研究结果初步回答上述问题，研究的主要结论如下。

（一）如果城乡经济孤立地发展，二者都会遇到资源的约束

我国城乡经济都表现为典型的logistic曲线的特征，即都是先递增地增长，后递减地增长，最后达到其极限值。

（二）在城乡经济相互作用条件下，我国乡村经济的增长受到资源的约束

我国乡村经济主要是种植业和养殖业，产业单一，不能产生集聚经济效应，其增长主要依赖土地，但土地是有限的，随着乡村经济的增长，能

够利用的土地基本上已经充分利用，很难再获得新增土地来支撑乡村经济的增长。

(三) 城市经济的增长产生了集聚经济效应

我国城市经济的增长使产业在城市集聚，分工进一步细化和专业化，产生知识外溢和知识共享，形成了规模经济效益和范围经济，进一步促进了城市经济的增长。

(四) 城市经济和农村经济都具有极化效应

城市经济和农村经济的增长都依赖劳动力、资金、土地等生产要素，但这些生产要素是有限的，一方的增长必然需要更多的生产要素，二者为此展开激烈的竞争，导致生产要素的价格上升，彼此制约了对方经济的增长。

(五) 我国各省份城乡经济的增长呈现各自不同的特征，主要有八种类型。

各省（市）城乡经济增长之间的关系并不完全相同，主要呈现八类型。这是因为我国地域广大，受资源禀赋、历史条件、基础设施等因素的影响，各省（市）城乡经济的发展并不完全均衡，而是呈现异质性的特点。这说明，对于同样的城乡发展政策，不同的省（市）会产生不同的效果，因此，不宜采用同样的城乡发展政策，应该针对不同省（市）城乡经济的特点，采取有针对性的政策。

二、对策建议

(一) 重视城乡经济的协调发展

城乡经济如果孤立地发展，都表现为 logistic 曲线的特征，即二者都会遇到资源的约束，最终限制了其进一步增长。如果考虑二者的相互联系，城市经济则产生了集聚经济效应，说明城乡经济的相互作用，有利于促进经济的增长。城乡经济实际上是相互联系、相互作用的，互相为对方提供生产和销售市场；单纯地发展一方的经济，而忽略另一方经济，则可能使双方经济都发展不起来。因此，要重视城乡经济的协调发展，而不仅仅是单纯发展城市经济或乡村经济。

(二) 经营模式创新和科技进步促进农村产业发展

目前，我国乡村以小农户经营为主，小农户的分散性导致不能采用现代集成的大型农业机械和先进的灌溉、耕种、除草等技术，农业的生产效率低，主要依靠劳动力和土地的投入来实现经济的增长，限制了乡村经济的增长。通过引导农户合作经营、土地流转、三变改革，促进农业的适度规模产业化经营，改变经营模式，采用先进的技术，延伸价值链，就能不断突破生产要素对农村经济的制约作用。农村剩余的劳动力等生产要素可以转移到城市就业，既解决了城市经济增长对劳动力的需求，又能促进农民增收。

(三) 进一步促进城市产业集聚

城市经济的发展具有集聚经济效应，宜进一步推进城市产业集聚促进集聚经济效应的发挥，提高商品的竞争力。城市宜重点发展涉农产业，为乡村产业发展提供更优良的种子、化肥以及效率更高的农业耕种、灌溉机械设备，提高粮食的亩产量，一方面能促进乡村经济的发展，另一方面解放大量的乡村生产要素，这些生产要素又流向城市，从而使城乡经济的发展都突破资源的约束。

(四) 每个省份宜根据本省城乡经济的发展情况采取针对性的措施

各个省份城乡经济的发展既有相同的一面，又有不同的地方，如果僵化地照搬其他省份的经验措施，或僵化地执行国家的经济政策、产业政策，就有可能导致经验、政策的水土不服，损害本省城乡经济的发展。因此，每个省份可以在国家统一的经济政策、产业政策的前提下，根据本省的实际，探索本省特色的城乡经济发展的具体措施和对策。

参考文献

著作

［1］黄志斌，吴慈生．中西部地区"两型社会"建设的总体战略研究［M］．合肥：合肥工业大学出版社，2015．

［2］傅晨．发展经济学［M］．广州：华南理工大学出版社，1998．

［3］姚开建，梁小民．西方经济学名著导读［M］．北京：中国经济出版社，2005．

［4］赵大平，蔡伟雄．国际经济学［M］．上海：立信会计出版社，2021．

［5］杨红丽，外商直接投资对中国技术进步的影响［M］．上海：立信会计出版社，2017．

［6］廖博谛．告别宏微观架构的经济学［M］．北京：经济日报出版社，2017．

［7］王琳贵，李正伟，高宏斌，等．当科普遇上传播［M］．北京：中国科学技术出版社，2019．

［8］聂永有．公共经济学［M］．北京：清华大学，2021．

［9］李夏旭．现代心理咨询实务［M］．上海：文汇出版社，2021：46．

［10］中华文化通志编委会．侗、水、毛南、仫佬、黎族文化志［M］．上海：上海人民出版社，2010．

[11]《布依族简史》编写组.布依族简史［M］.北京：民族出版社，2008.

[12] 李忠斌.少数民族特色村寨建设的理论与实践［M］.武汉：湖北科学技术出版社，2016.

[13] 潘成胜，赵兴元，王洪斌.人才高地战略与区域经济创新发展［M］.沈阳：东北大学出版社，2015.

[14] 郑震，罗述权.农村家庭人力资本投资问题研究［M］.西安：西安交通大学出版社，2016.

[15] 彭朝晖，杨开忠.人力资本与中国区域经济差异［M］.长春：吉林出版集团股份有限公司，2016.

[16] 胡丽霞.区域经济与职业教育发展研究［M］.北京：中国经济出版社，2016.

[17] 吴伟伟.刘易斯拐点、农业生产决策与环境效应［M］.北京：社会科学文献出版社，2018.

[18] 黄义仁，韦廉舟.布依族民俗志［M］.贵阳：贵州人民出版社，1985.

[19] 韦启光.布依族文化研究［M］.贵阳：贵州人民出版社，1999.

[20] 邢新欣.以史为鉴，以史资政：中国能源政策史研究［M］.北京：中国经济出版社，2015.

[21] 贵州省文管会办公室.贵州节日文化［M］.北京：中央民族学院出版社，1988.

译著

[1] 布朗温·H.霍尔，内森·罗森伯格.创新经济学手册：第1卷［M］.上海市科学学研究所译.上海：上海交通大学出版社，2017.

[2] 马克·格兰诺维特.镶嵌：社会网与经济行动［M］.罗家德，

等译，北京：社会科学文献出版社，2007：1-27.

［3］亚当．斯密．国富论［M］．长春：吉林大学出版社，2014.

［4］李斯特．政治经济学的国民体系［M］．邱伟立，译．北京：华夏出版社，2013.

［5］马克思．资本论［M］．邢舫，尹丽丽译．北京：京华出版社，2013.

［6］威廉·配第．政治算术［M］．陈冬野译．北京：商务印书馆．1960.

［7］班纳吉，迪弗洛．贫穷的本质：我们为什么摆脱不了贫穷［M］．景芳译．北京：中信出版社，2013.

［8］马克思．资本论：第1卷［M］．北京：人民出版社，2004.

期刊报纸

［1］张洁．乡村振兴战略的五大要求及实施路径思考［J］．贵州大学学报（社会科学版），2020（05）．

［2］樊纲．"发展悖论"与发展经济学的"特征性问题"［J］．管理世界，2020，36（04）．

［3］中共中央国务院．关于加快建设全国统一大市场的意见［J］．中国价格监管与反垄断，2022（05）．

［4］周密，吴忠军．民族旅游村寨的异质性研究——以广西桂林龙脊平安壮寨为例［J］．长江师范学院学报，2020，36（04）．

［5］孙昌玲，王化成，王芃芃．企业核心竞争力对供应链融资的影响：资金支持还是占用？［J］．中国软科学，2021（06）．

［6］黄永光，黄旭，黄平．茅台酒酿酒极端环境与极端酿酒微生物［J］．酿酒科技，2006（12）．

［7］王增武，张晓东．人力资本理论文献综述［J］．江苏师范大学学报（哲学社会科学版），2022，48（03）．

［8］赵卫军，张爱英，Muhammad Waqas Akbar. 中国文化消费影响因素分析和水平预测——基于误差修正与历史趋势外推模型［J］. 经济问题，2018（07）.

［9］郭润东，王超. 互联网使用对家庭旅游消费影响的实证检验［J］. 统计与决策，2022，38（08）.

［10］罗蓉，彭楚慧，鲍新中. 互联网使用与家庭旅游消费——基于信息渠道的中介效应分析［J］. 旅游学刊，2022，37（04）.

［11］史清华，陶振振. 浙江农村居民旅游消费及其影响因素分析——基于2003—2018年浙江农村固定观察点数据［J］. 同济大学学报（社会科学版），2022，33（02）.

［12］吴黎围，熊正贤. 区块链视域下康养休闲特色小镇同质化问题及破解——以云贵川地区为例［J］. 湖北民族大学学报（哲学社会科学版），2020，38（03）.

［13］王坤，刘康. 贵州省乡村旅游同质化及其创新策略［J］. 贵州大学学报（社会科学版），2019，37（05）.

［14］陈桂波. 壮族节日中的自然崇拜文化及其社会功能——以云南省泸西县法衣村节日民俗为例［J］. 广西民族研究，2016（02）.

［15］邬时民. 鲤鱼菜谱两则［J］. 农村百事通，2015（24）.

［16］孙志勇，宋明英，韦坤德，等. 韭菜汁对病原菌的体外抑制作用的研究［J］. 遵义医学院学报，2008，31（6）.

［17］黄锁义，林丹英，尤婷婷. 韭菜总黄酮的提取及对羟自由基的清除作用研究［J］. 时珍国医国药，2007，18（11）.

［18］曹振玲. 韭菜治疗50例胃肠道异物体会［J］. 中国民族民间医药，2012，21（20）.

［19］张延亮，白青山. 韭菜治疗误服铁钉3例［J］. 临床军医杂志，2000，28（4）：120.

［20］周晔馨. 社会资本是穷人的资本吗？——基于中国农户收入的

经验证据［J］．管理世界，2012（07）．

［21］赵松华，汪思顺，姚鸣，等．贵州省贫困地区6岁以下儿童生长发育现况调查［J］．郑州大学学报（医学版），2011（01）．

［22］张谊，张玲，冯海哲．2006年贵州农村7岁以下儿童体格发育调查［J］．中国妇幼保健，2010（01）。

［23］何青，袁燕．儿童时期健康与营养状况的跨期收入效应［J］．经济评论，2014（02）．

［24］翁泽红．贵州苗族聚居区苗族女童教育普及现状及研究状况［J］．贵州民族学院学报（哲学社会科学版），2006（03）．

［25］赵乃麟．贵州苗族聚居区女童教育的困境及对策［J］．西南农业大学学报（社会科学版），2010（06）．

［26］张林．农村留守儿童生长发育与营养状况分析［J］．今日健康，2015（02）．

［27］冯海哲，张谊，鲜义辉，等．贵州省0~7岁农村留守儿童生长发育与营养状况分析［J］．中国妇幼保健，2010（17）．

［28］沈茜．布依族酒歌与礼仪交融形态［J］．贵州大学学报（社会科学版），2007（06）．

［29］谭家武，张权，程明亮，等．贵州地区原发性肝癌危险因素1∶2配对病例对照研究［J］．江苏医药，2013（11）．

［30］汪晖．外源物致宫内发育迟缓的胎肾上腺内分泌功能干预机制［J］．毒理学杂志，2007（04）．

［31］任小红，杨凤娇，殷瑜霞，等．贵州湄潭农村居民寄生虫感染与卫生习惯调查［J］．黔南民族医专学报，2015（02）．

［32］黄岚．贵州矮小患儿就诊率不足1%［J］．中国农村卫生，2015（02）．

［33］李璧，韦泽珺，刘建华，等．贵州省四民族儿童神经精神发育调查［J］．中国心理卫生杂志，2016（01）．

[34] 张军，吴桂英，张吉鹏．中国省际物质资本存量估算：1952—2000［J］．经济研究，2004（10）．

[35] 何惠菊，韦艳萍，魏萍，等．三都水族自治县0~6岁儿童智力低下的现患率调查及影响因素分析［J］．中国妇幼保健，2013，28（13）．

[36] 欧开灿，邹永东，石明光．黔南教育改革发展30年成就概述［J］．贵州教育，2009（12）．

[37] 葛大永，国子健．基于人才下乡背景下的乡村治理模式探索——以江苏省丰县大沙河镇为例［J］．小城镇建设，2022，40（08）．

[38] 丁波．嵌入与重构：乡村振兴背景下新乡贤返乡治村的治理逻辑［J］．求实，2022（03）．

[39] 宣朝庆，常志静，郝晶．乡村振兴与在地乡贤培养：基于韩国新村指导者的考察［J］．浙江学刊，2022（05）．

[40] 丁梦琪，程雯雯．新乡贤参与乡村网格化治理的内在机理与路径研究［J］．社会科学动态，2022（09）．

[41] 武汉大学国家发展战略智库课题组．乡村振兴背景下返乡入乡"创业潮"探究——基于湖北省的调查［J］．中国人口科学，2022（04）．

[42] 王轶，王香媚．农民工的社会网络能提升返乡创业企业经营绩效吗？——基于全国返乡创业企业的调查数据［J］．华中农业大学学报（社会科学版），2023，163（01）．

[43] 刘金发．"返"其道而行："乡愁"建构与农民工返乡创业——基于S省Y县的扎根理论研究［J］．济南大学学报（社会科学版），2022，32（05）．

[44] 郑永君，李丹阳，阳清．帮扶实践中驻村干部与农民的关系互动及其逻辑［J］．华中农业大学学报（社会科学版），2022（05）．

[45] 刘畅．外生型乡村精英的情感治理实践——基于独龙江乡驻村干部工作的观察［J］．中共云南省委党校学报，2022，23（04）．

[46] 刘洋，王伯承．主体优势与能动性联结：乡村振兴中驻村帮扶干部的行动逻辑 [J]．北京科技大学学报（社会科学版），2022，38（01）．

[49] 胡欣悦，黄昕，汤勇力．科研人员再次参与学企人员流动的影响因素研究——基于广东省企业科技特派员计划的实证分析 [J]．中国高校科技，2022（07）．

[50] 郭晨军．新时代科技特派员与农户利益共同体机制分析 [J]．武夷学院学报，2022，41（01）．

[51] 尹超，方青春，闫霞．科技特派员能力提升与示范推广路径的探讨——以武威市为例 [J]．甘肃农业，2021（11）．

[52] 孙九霞．族群文化的移植："旅游者凝视"视角下的解读 [J]．思想战线，2009，35（04）．

[53] 东潇．水族议榔制度初探 [J]．民族论坛，2013（04）．

[54] 李旭，罗建伦．三都水族非遗在旅游中的价值开发路径探析 [J]．贵州民族研究，2017，38（10）．

[55] 程瑞芳，程钢海．乡村振兴：乡村旅游多元价值功能响应调整及开发路径 [J]．河北经贸大学学报，2019（06）．

[56] 刘贝，张友明，刘芳清，周克艳，陈俊宇．以特色小镇建设助推湖南乡村振兴的对策研究 [J]．天津农业科学，2019（10）．

[57] 毛瑞男，许永继．培育新型农业经营主体的模式选择 [J]．人民论坛·学术前沿，2020（23）．

[58] 刘腾龙．内外有别：新土地精英规模化农业经营的社会基础——基于乡村创业青年的视角 [J]．中国青年研究，2021（07）．

[49] 武舜臣，钱煜昊，于海龙．农户参与模式与农业规模经营稳定性——基于土地规模经营与服务规模经营的比较 [J]．经济与管理，2021，35（01）．

[60] 文龙娇，马昊天．农村土地经营权入股模式比较与路径优化研究 [J]．农业经济，2020（11）．

[61] 岳丽颖. 铁岭市农业土地规模化经营模式探索——玉米合作种植新模式 [J]. 农业经济, 2020 (07).

[62] 汪旭晖, 赵博, 王新. 数字农业模式创新研究——基于网易味央猪的案例 [J]. 农业经济问题, 2020 (08).

[63] 钟漪萍, 唐林仁, 胡平波. 农旅融合促进农村产业结构优化升级的机理与实证分析——以全国休闲农业与乡村旅游示范县为例 [J]. 中国农村经济, 2020 (07).

[64] 杨阳, 李二玲. 绿色农业产业集群形成机理的理论框架及实证分析——以山东寿光蔬菜产业集群为例 [J]. 资源科学, 2021, 43 (01).

[65] 杨兆廷, 李俊强, 付海洋. "区块链+大数据"下新型农业经营主体融资模式研究 [J]. 会计之友, 2021 (04).

[66] 谢金华, 杨钢桥, 许玉光, 王歌. 农地整治对农户收入和福祉的影响机理与实证分析 [J]. 农业技术经济, 2020 (12).

[67] 潘泽江, 张焰翔. 民族地区新型农业经营主体：经营绩效、影响因素与培育策略 [J]. 中南民族大学学报（人文社会科学版）, 2020, 40 (05).

[68] 李玉清, 吕达奇. 边远贫困山区农业产业结构调整路径研究——以贵州省 M 县推进"一减四增"政策为例 [J]. 贵州社会科学, 2020 (12).

[69] 李一男, 郭佳, 李鑫. 民族地区农业结构变迁与农村留守家庭的发展——基于累积因果理论的实证分析 [J]. 兰州学刊, 2019 (09).

[70] 金芳, 金荣学. 财政支农影响农业产业结构变迁的空间效应分析 [J]. 财经问题研究, 2020 (05).

[71] 黄思. 引导与主导：农业产业结构调整的政府逻辑及其影响 [J]. 重庆社会科学, 2020 (04).

[72] 刘军强, 鲁宇, 李振. 积极的惰性——基层政府产业结构调整的运作机制分析 [J]. 社会学研究, 2017, 32 (05).

[73] 毛洪涛，马丹．高等教育发展与经济增长关系的计量分析［J］．财经科学，2004（01）．

[74] 黄燕萍，刘榆，吴一群，李文溥．中国地区经济增长差异：基于分级教育的效应［J］．经济研究，2013，48（04）．

[75] 闵维方．教育在转变经济增长方式中的作用［J］．北京大学教育评论，2013，11（02）．

[76] 唐荣德．论知识经济对教育的影响［J］．广西师范大学学报（哲学社会科学版），2000（01）．

[77] 周光礼．国家工业化与现代职业教育——高等教育与社会经济的耦合分析［J］．高等工程教育研究，2014（03）．

[78] 菲利克斯·劳耐尔．双元制职业教育——德国经济竞争力的提升动力［J］．职业技术教育，2011（12）．

[79] 顾明远．试论教育现代化的基本特征［J］．教育研究，2012（09）．

[80] 杨银付．"互联网+教育"带来的教育变迁与政策响应［J］．教育研究，2016（06）．

[81] 李佳芸．为乡村振兴提供人才保障［J］．社会主义论坛，2022（03）．

[82] 刘养卉，何晓琴．乡村振兴战略背景下乡村人才振兴困境及其路径研究——基于甘肃省的调查研究［J］．生产力研究，2022（02）．

[83] 韩纪江，郭熙保．扩散—回波效应的研究脉络及其新进展［J］．经济学动态，2014，（2）．

其他

[1] 刘翔宇．中国当代艺术品交易机制研究［D］．济南：山东大学，2012.

[2] 白正府．经济转型期新生代农民工教育培训研究［D］．武汉：

华中师范大学，2014.

［3］徐鲲. 农村教育发展与农村经济增长：内在机理及制度创新——基于劳动分工的视角［D］. 重庆：重庆大学，2012.

［4］余丽莎. 黔南州布依、苗、汉族部分成人高尿酸血症及相关因素分析［D］. 贵阳：贵阳医学院，2015.

译著

［1］URRY J. Consuming places［M］. London：Routledge，1995.

［2］CLARK C. The Conditions of Economic Progress［M］. London：Macmillan And CO., limited，1940.

［3］MARSHALL A. Principles of economics［M］. London：MacMillan，1962.

［4］JACOBS J. The economy of cities［M］. New York：Random House，1969.

［5］MYRDAL G. Economic Theory and Under developed Regions［M］. NewYork：Harper&Row，1957.

外文期刊

［1］ROSENSTEIN-RODAN P N. Problems of Industrialization of Eastern and South-Eastern Europe［J］. Economic Journal，1943，53（210/211）.

［2］LUCAS R E. Why doesn't capital flow from rich to poor countries？［J］. American Economic Review，1990（2）.

［3］YEUNG R M W, MORRIS J. Food Safety Risk：Consumer Perception and Purchase Behaviour［J］. British Food Journal，2001，103（3）.

［4］SCHULTZ, T W. Investment in human capital［J］. American Economic Review，1961.

［5］BOB KIJKUIT, JAN VAN DEN ENDE. With a little help from our colleagues：a longitudinal study of social net works for innovation［J］. Organization

Studies, 2010, 31 (4).

[6] BIAN Y J. Bringing strong ties back in: indirect ties, network bridges, and job searches in China [J]. American Sociological Review, 1997 (62).

[7] BIAN Y. Bringing strong ties back in: Indirect ties, network bridges, and job searches in China [J]. American Sociological Review, 1997 (62).

[8] SOSA M E. Where do creative interactions come from? The role of tie content and social networks [J]. Organization Science, 2011, 22 (1).

[9] KILDUFF M, BRASS D J. Organizational social network research: core ideas and key debates [J]. Academy of Management Annals, 2010, 4 (1).

[10] HARDIN G. The tragedy of the commons [J]. Science, 1968, 88 (1).

[11] VICTORA C G, ADAIR L, FALL C, et al. Maternal and child undernutrition: consequences for adult health and human capital. [J]. Lancet, 2008, 371 (9609):

[12] CASE A, PAXSON C H. Stature and Status: Height, Ability and Labor Market Outcomes [J]. Journal of Political Economy, 2008, 166 (03).

[13] MAO D. The mutual gaze [J]. Annals of tourism research, 2006, 33 (01).

[14] FISHER A G B. The Clash of Progress and Security [J]. Economica, 1937, 4 (13).

[15] ROMER P M. Increasing returns and long run growth [J]. Journal of Political Economy, 1986, 94 (5).

[16] LUCAS R E. On the Mechanics of Economic Development [J]. Journal of Monetary Economics, 1988 (1).

[17] PERROUX F, A Note on the Notion of Growth Pole [J]. Applied Economy, 1955 (1/2).